ルアーで始めよう堤防の釣り

お手軽ショアジギング丸わかりBOOK

つり人社書籍編集部 編

つり人社

目次

prologue

section1

section3

各種ノット結びをマスターしよう　71

section4

魚種別の釣り方　85

構成・編集・写真　高崎冬樹（編集企画 EEL）
協力　黒川弘樹
カバー写真協力　綱崎恭平
カバー・表紙装丁　唐木 潤
イラスト　堀口順一朗

COME ON!

本日も快晴！　気分最高！
メタルジグを軽快にキャスト！
さあ来い！　青もの！　回遊魚！

Major Craft
O.T TOOL'S

WELCOME!

身近な釣り場で安全第一！
お手軽ゲームフィッシング！
ようこそ！　青もの！　回遊魚！

prologue

ライトに楽しむショアジギングの魅力

ショアジギング、略してショアジギ。ショアすなわち海岸から、金属製のルアーであるメタルジグを投げて釣る、ルアー釣りの一種だ。

沖磯に渡ってメーターオーバーのヒラマサやカンパチをねらうハードな釣りもショアジギングだが、近年は防波堤や港湾部、漁港、サーフなどから、ライトなタックルで小型の回遊魚をねらう、誰にでも手軽に楽しめるショアジギングが流行している。そういった釣りをライトショアジギング、さらにライトなものをスーパーライトショアジギングという。

以前からも密かにライトなジギングを楽しむマニアックなアングラーは存在したが、専用タックルが発売され、ライトショアジギングというひとつのジャンルとして確立したのは2012年ごろ。さらにライトなスーパーライトは2016年ごろから一般的になった。

本書では、もっとも軽快に楽しめるスーパーライトショアジギングも含めたライトショアジギングということで解説を進める。あえてライトとスーパーライトに線引きをするならば、ライト

大阪湾岸などの身近な釣り場からライトなタックルで回遊魚を簡単にねらえるのがライトショア、スーパーライトショアジギングだ

ショアジギングで使用するメタルジグのウエイトが20～50g、スーパーライトショアジギングで5～20gといったところである。

この釣りの魅力は、何といっても都市近郊の釣り場で回遊魚がねらえる手軽さだ。タックルもシーバス、エギング、トラウト用など流用できるものが多いし、ラインやリーダーも細くてよいから、メタルジグさえ買い求めればすぐに入門可能。またライトな専用タックルも多く登場している。磯からのショアジギングと違い、それほど特別な装備も必要ないため、現在では非常に敷居の低い釣りになった。

とにかく釣れる魚種がサビキでねらうようなアジやカマスから、タチウオ、大きいものではハマチ、メジロまで、簡単なタックルで強い引きを味わえるのが魅力だし、同じアジを釣るにしても1尾1尾を釣りあげる達成感が強いのも魅力。またロッドにリール、ラインにメタルジグとそのほとんどが安価でよい製品がリリースされるようになり、2015年ごろからファンが一気に増加、大阪湾岸などで大流行しているのだ。

メタルジグのバリエーション

●スタンダードタイプ

ウエイトのバランスがジグ本体のセンターにあり、もっとも使いやすい一般的なタイプ。多くのメーカーから発売されているので入手しやすい。とにかく投げて巻くだけでヒラヒラとアクションし、適当にロッドを上下させるだけで頭を振らせるアクションが付けやすい。またセンターバランスのためフォール姿勢も水平になり、魚に食わせやすいというオールラウンドなメタルジグなのだ。重く大きいものを使うことで大きな魚がねらえるし、小さく軽くすれば小型魚もヒットする。

●スタンダードスリムタイプ

センターバランスのスタンダードタイプを、よりスリム化したもの。スリムな分、キャスト時の空気抵抗が軽減され遠投が利くし、水中でも抵抗が小さいので沈下も速いのが特徴。したがって同じポイントを釣る場合でもスタンダードタイプにくらべて小型を使うことができるため、食い渋りのときでも魚に口を使わせやすい。当然、遠方の深場や潮が速いポイントをねらうのにも向いている。さらに向かい風のときでも安定して飛距離が出せるのだ。そのシルエットからサヨリやカタクチイワシなど、細長いベイトフィッシュばかりを食っている魚にも有効。ルアー自体のアクションはスタンダードタイプと基本的に似ているが、軽い力で横方向へのスライドが大きくできる。フォール中はややお尻下がりになり、左右にヒラを打ちながら素早く落ちていく。

●スロータイプ

太く短いスロータイプは、水中ではゆっくりとした動きで魚たちにアピールする。もともとはオフショアでのスロージギングで使用されていたジグだ。スタンダードタイプと同じウエイトでもシルエットが小さく、バランス的にはボディー後方に重心があるリアバランスになっているため遠投が利く。フォール中はスプーンのようにヒラを大きく打ちながらスローに落ちるため、それだけ魚に食わせる間がとれる。

どちらかというとガシラやハタ系など根魚に強いジグだが、回遊魚でもスタンダードタイプの速いフォールで反応

●スタンダードタイプ

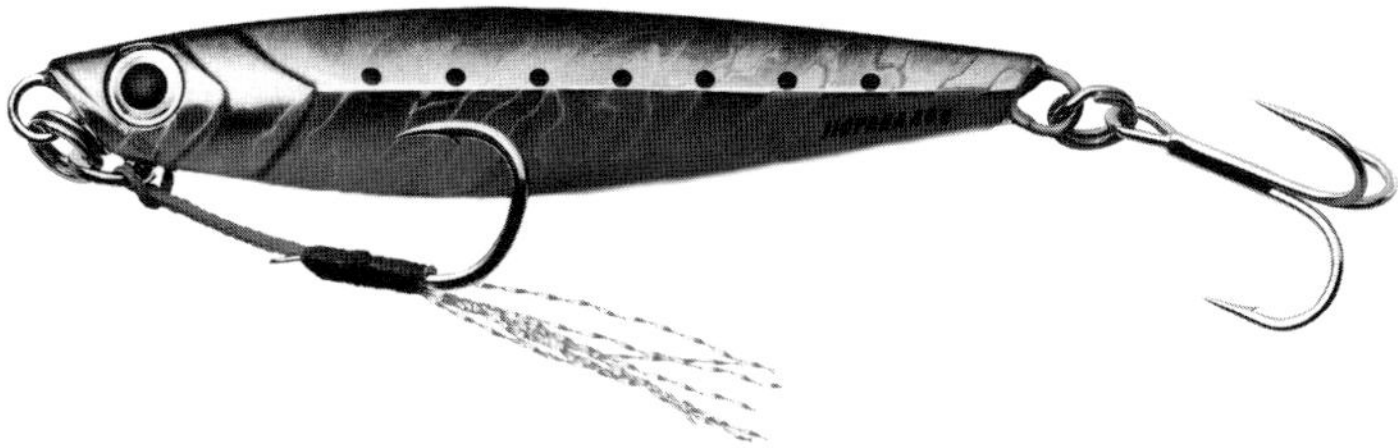

ジグパラ ショート（メジャークラフト）
空気抵抗が小さいコンパクトシルエットのセンターバランスで飛距離抜群。ハイピッチからスローまであらゆるジャークに対応でき、食わせの間も取りやすい。20 〜 60g までの 5 ウエイト

●スタンダードスリムタイプ

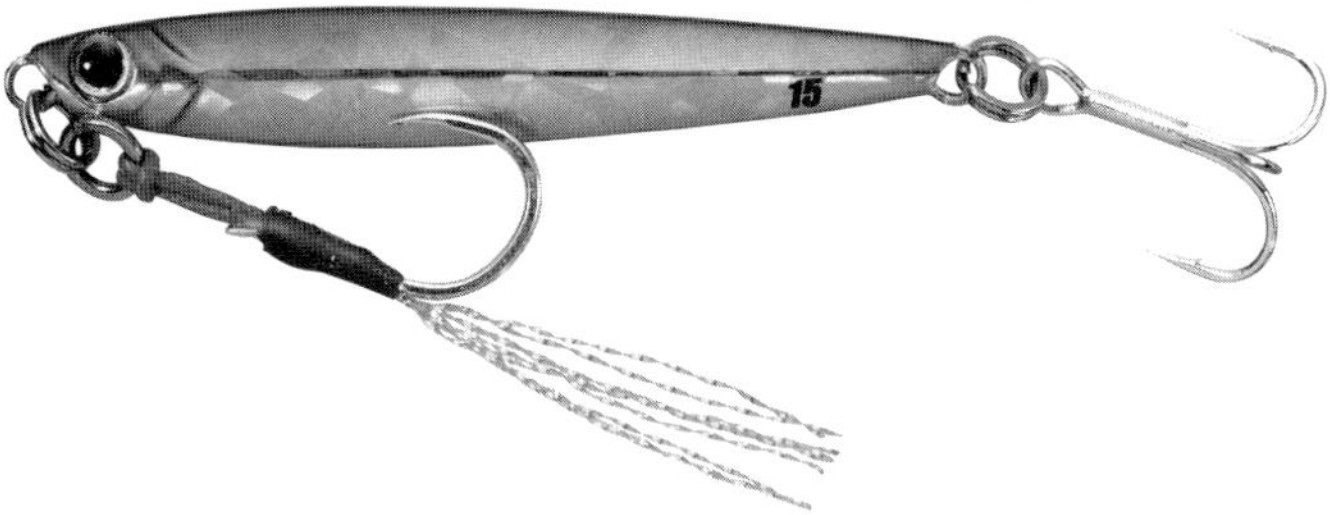

ジグパラ マイクロ スリム（メジャークラフト）
アジ、メッキ、カマスなどスーパーライトショアジギング対応、センターバランスで小型のメタルジグ。1.5 〜 15g までの 6 ウエイト

●スロータイプ

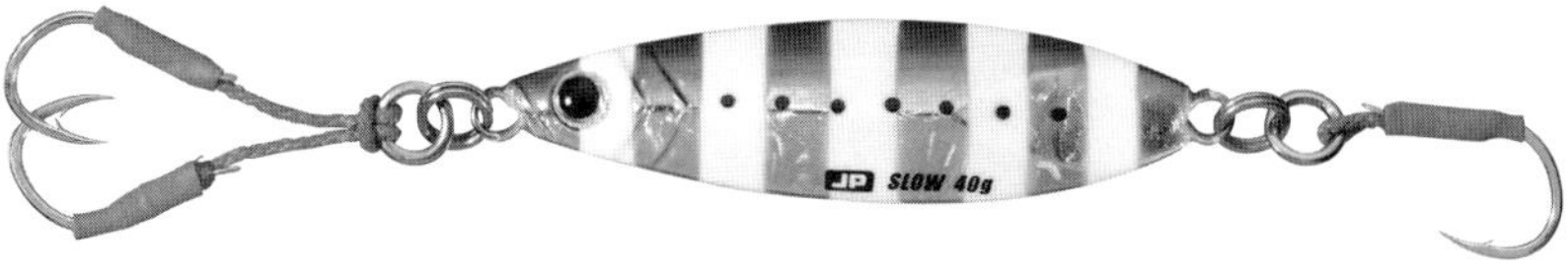

ジグパラ スロー（メジャークラフト）
リアバランスで安定した飛行姿勢のため飛距離抜群。落ち葉のようにヒラヒラ沈下し、速いフォールでは反応がない場合に有効。10 〜 60g までの 7 ウエイト

が薄い場合や、潮流が緩い場合などに有効で、ゆっくりジグを見せて口を使わせることができる。

●タングステンタイプ

素材にナマリではなく高比重のタングステンを使用することで、同じ重量でも見た目で半分程度の大きさになり、非常にシルエットがコンパクトなジグ。より小さなもので飛距離を稼げ、深いポイントでも速く沈み、魚に与える違和感も小さい。ただ高価なのがネック。ナマリの40gでアタリが出なかったのにタングステン30g（軽いが飛距離は変わらず）に替えた途端にヒット！　ということがよくある。形状的にはスタンダードタイプのものがほとんどだ。

●変形タイプ

このほかタダ巻きでよく泳ぐようにできた三角断面のジグミノーといったものなど、前出のカテゴリーに属さない変形ジグもある。

●メタルバイブ

オール金属製のバイブレーションルアー。厳密にいうとメタルジグではないが、ショアジギングで使用するルアーのひとつとして重要である。樹脂製のいわゆるバイブレーションプラグとは違い、7㎝前後で25gとコンパクトで重く、よく飛びフォールもスピーディー。表層近くからボトム手前まで全層をタダ巻きでイージーにねらえるのが何よりの強み。特に朝夕の時合で回遊魚の活性が高い時間帯に広範囲のシャローレンジをテンポよく早巻きし、食い気のある魚を手っ取り早く拾い釣りするのに最適。朝なら時合終了後、夕方なら時合突入前はメタルジグでという使い分けが効果的だ。高活性の時合にジグを投げると、どうしても沈み気味になるジグにつられ魚たちのレンジも深くなり効率が悪くなるので注意。朝夕以外でもベイトが浮いている場合にはメタルバイブが有効だ。

●カラーチョイス

メタルジグ、メタルバイブ共通のカラー選びは、光線量が少なく薄暗い時間帯はゼブラグローなどグロー系、夜明け後すぐや日没前のまだ多少明るい時間帯はピンクなどの派手なカラー、もっと明るい時間帯、日中はイワシカラーなどのナチュラル系が基本。さらに濁り潮の場合は赤金などのゴールド系が強い。この4パターンを各タイプのジグで揃えておけば、だいたいのシチュエーションに対応できる。時合前後に使用するメタルバイブに関しては濁り潮の場合にチャートやグロー系（これなら日没前後のタチウオにも対応できる）、潮がクリアな場合は反射がキラキラ派手なカラー、この2パターンあればよい。

●タングステンタイプ

ジグパラ タングステン（メジャークラフト）
タングステン素材のコンパクトジグ。センターバランスなのでオールラウンドに使える。フックがフロントシングル、リアトレブルのライトショアジギング仕様は 10 〜 32g の 5 ウエイト

●変形タイプ

堤防ジグII（エコギア）
よく飛ぶ防波堤からのショアジギング専用設計。タダ巻きでテールを小刻みに震わせるアクション、バランスはセンターにあり本体の反射を生かすスライドフォールが特徴。14g、20g、30g の3ウエイト

●メタルバイブ

ジグパラ ブレード（メジャークラフト）
とにかく遠投し早巻きするだけで回遊魚の捕食スイッチを入れる鉄板ルアー。35mm（3g）から 140mm（50g）までの全 10 アイテムがラインナップ

ライトショアジギングで釣れる魚たち

手軽なライトショアジギング、スーパーライトショアジギングで、ねらえるターゲットはなかなか多彩だ。

5～20gの小型メタルジグではカマス、アジ、メッキ、ヒラソウダやマルソウダなどのソウダガツオ類、メッキなど。20～40gのメタルジグではツバス、ハマチ、メジロなどブリの若魚、カンパチの若魚であるシオ、サワラ若魚のサゴシ、大型のサバ、タチウオまでが対象になる。

本書では割愛するが海底が砂地の場合はヒラメやマゴチなど、いわゆるフラット系の魚たち、底付近で釣れるガシラやハタなどもライトショアジギングの対象だ。

●ブリの若魚ツバス・ハマチ・メジロ

ライトショアジギングの代表的なターゲットがブリの若魚であるツバス、ハマチ、メジロ（ワカシ、イナダ、ワラサ）で、成長とともに、その呼び名を変える。そのなかでも中心になるのはツバスやハマチだがメジロ、ブリクラスもヒットするので油断はできない

●カンパチの若魚シオ

ブリ以上に大きくなるカンパチだが小型のものを関西ではシオと呼ぶ。大阪湾周辺で釣れるのは 40cm 以下と小さいが、同サイズのハマチにくらべて引きは格段に強いパワーファイターだ

●サワラの若魚サゴシ

魚偏に春と書いて鰆（さわら）だが、大阪湾周辺の沿岸では夏から秋に回遊することが多い。ターゲットはサゴシと呼ばれる 60cm ぐらいまでの個体だが、歯が鋭くリーダーを噛み切られるこしばしば

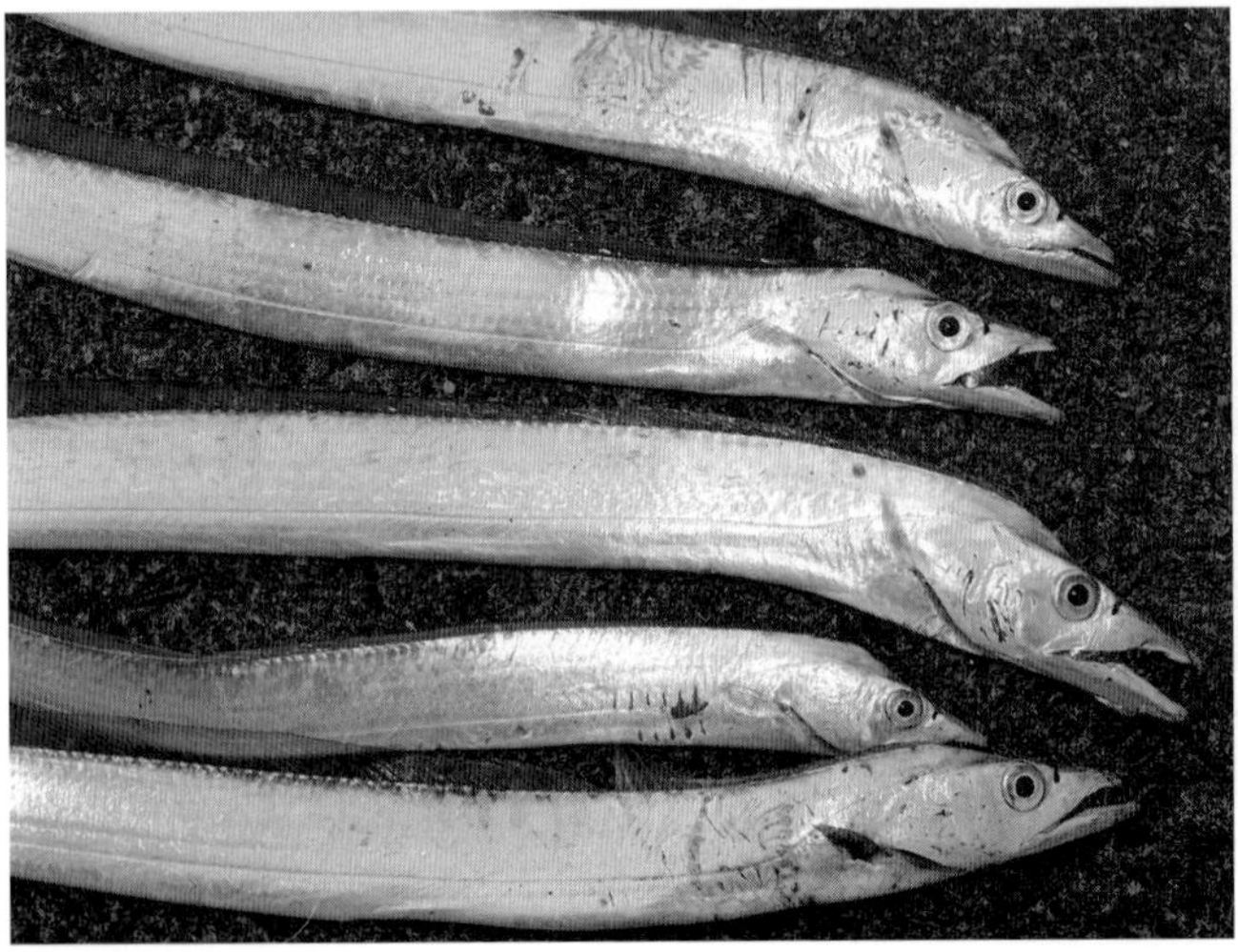

●タチウオ

朝夕マヅメや夜釣りのイメージが強いタチウオだが、日中もミオ筋など深みにメタルジグを遠投してボトム付近を探るとヒットする。日光に照らされ反射するボディーが非常に美しい

サバも 30cm 近くなるとメタルジグの立派なターゲット。大阪湾周辺ではゴマサバがほとんどだが、初夏には 40cm オーバーの回遊も見られ引き味もなかなかだ

ヒラソウダとマルソウダを合わせてソウダガツオと呼ぶが、大阪湾奥に回遊するのはマルソウダ。血合いが多く生食は避けたほうが無難。サバ同様引き味は最高！

夏に大阪湾や瀬戸内海にやってくるのがシイラ。表層近くを回遊する。釣れるのはペンペンと呼ばれる 40 〜 50cm の小型から 1m 近い大型まで。引きは執拗で力強い

カマスは秋に関西地方の沿岸部に回遊しアングラーを楽しませてくれる。釣れるのはアカカマスとヤマトカマスの２種が多いが美味しいのはアカカマス

ギンガメアジ（写真）、カスミアジ、ロウニンアジなどの幼魚をメッキと呼ぶ。いずれも南方系の魚で黒潮に乗ってやって来るが、汽水を好むため河口周辺がポイントになる

日本の国民的な魚であるアジもメタルジグで釣れる。マアジ（写真）をメインにマルアジも釣れるが美味しいのはマアジ。確実に釣るならサビキバリ付きのリーダーを使う

section1

タックル＆装備

防波堤で手軽に楽しめるライトショアジギングは近年、多くの専用タックルがショップに並んでいる。安全・快適装備も含めてメタルジグを投げる前に揃えておきたい必要最低限。

ライトショアジギングのロッド

ライトショアジギング、スーパーライトショアジギングの使用に適したロッドは8～9ftのもの。シーバスロッドでもかまわないが、できれば専用のものを使いたい。なぜなら軽めのメタルジグにアクションをかけやすい調子に仕上げてあるだけでなく、ロッドエンド（リールシートから下の部分）が長く脇に挟んで使用できるので、非常にルアー操作が楽だからだ。エギングロッドのようにロッドエンドが短いと大きな魚が掛かった場合、その強い引きで腕にかかる負担も大きく手首を痛めてしまう可能性もある。

ルアー操作が楽！　ロッドエンドが長く脇に挟んで操作できるものがベターだ

ロッドティップはチューブラーがメインだ。メタルジグをキビキビ動かすためにも、柔軟なソリッドよりも張りがあるチューブラーが向いている。以前はソリッド＝高感度というイメージがあったが、製造技術が進歩した現在ではチューブラーでも感度的にそれほど遜色ない。それよりもルアー操作のしやすさ優先が第一だ。

ロッドの調子としては基本的にファストテーパー、いわゆる先調子が使いやすいのだが、現在市販されているショアジギング用ロッドは可変テーパーが採用されているものが多い。ジグをアクションさせている間はファストアクションだが魚がヒットしてからは胴に力が乗り、しっかりしたパワフルなバットで魚が取りやすいスローアクション気味になるというものだ。このようなロッド設計によってルアー操作と魚を掛けてからの反発力を両立させているわけである。

これから入門しようという人の最初の1本にはアジなどからハマチやメジロ、サゴシ、タチウオ、さらにはジグサビキまで幅広く使えるライトショアジギング用をおすすめする。いきなりスーパーライト用を使うと、そこそこ大きい魚が掛かった場合は取り込むことが難しい。これで経験を重ねて魚とのやり取りに慣れてからスーパーライト用をもう1本と進むのがよいだろう。

まずは8～9ftのライトショアジギングロッドが1本あればオールマイティーに使える。ある程度慣れてきてからスーパーライト用を買い足せばよい

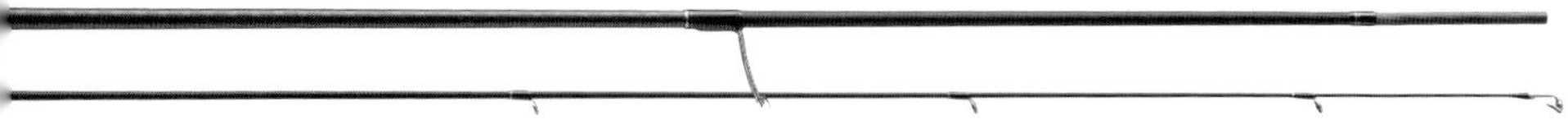

エヌワン ショアジギング NSS-902SSJ（メジャークラフト）
スーパーライトショアジギングエントリーモデルとして最適。5～30gのメタルジグに対応

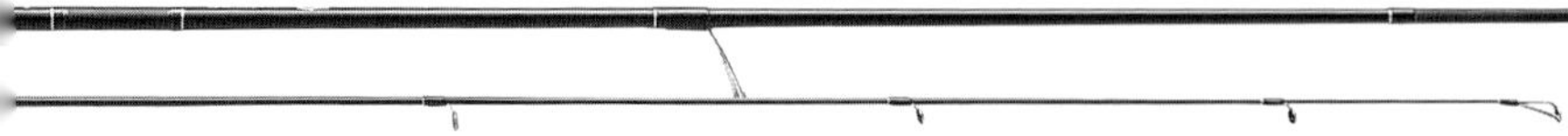

New ソルパラ SPX-902SSJ（メジャークラフト）
手軽にスーパーライトショアジギングが始められるお手頃な1本。5～30gのメタルジグに対応

クロステージ CRX-942SSJ（メジャークラフト）
30g前後のジグで中型の青ものからタチウオ、ロックフィッシュまで楽しめる軽快な1本。15～40gのメタルジグに対応

クロスライド XRS-962LSJ（メジャークラフト）
メジロクラスがヒットしても安心なバットパワーを持つライトショアジギングモデル。15～50gのメタルジグに対応

ソルパラ SPS-962LSJ（メジャークラフト）
幅広く使えるライトショアジギングモデル、メタルジグだけではなくヘビーミノーやバイブレーションのキャストもOK。最大50gまでのジグに対応

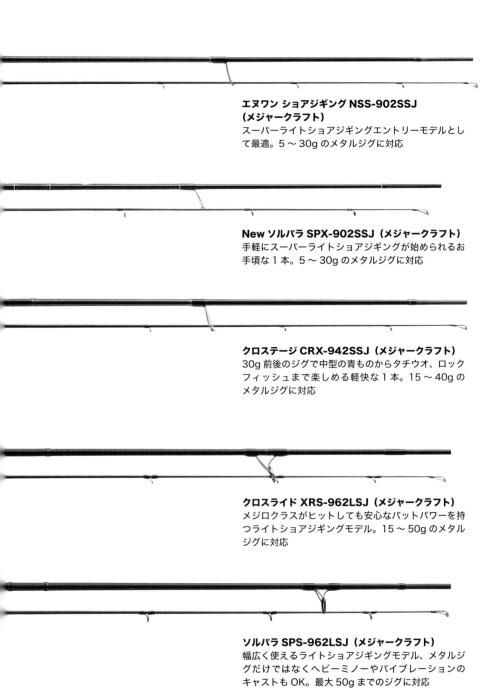

●スーパーライトショアジギングロッド

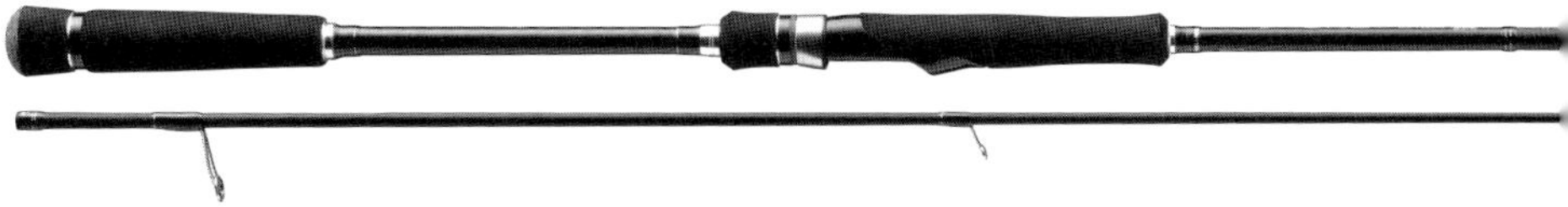

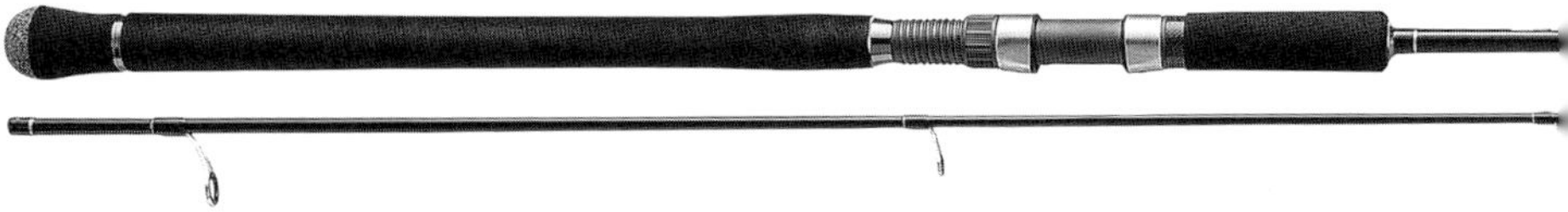

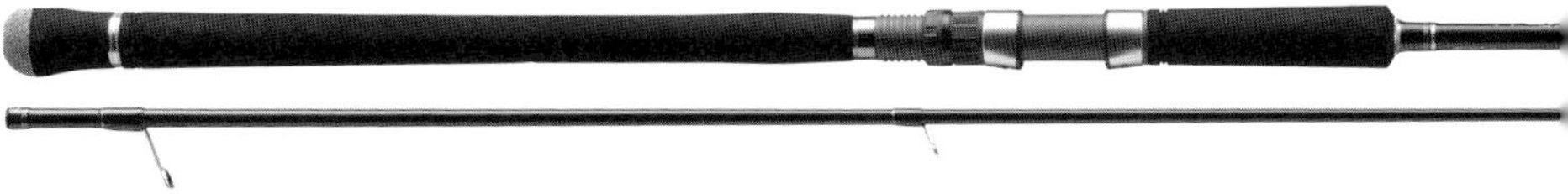

●ライトショアジギングロッド

ライトショアジギングのリール

リールはスピニングだ。スーパーライトショアジギングにはＰＥライン０・５～０・８号が最低１５０ｍ巻けるもの、ライトショアジギングにはＰＥライン１～２号が最低２００ｍ巻けるもの、というのが一応の目安。

スプールサイズ（数字が大きいほどイト巻き量が多い）でいうとスーパーライトの場合、ダイワなら２０００～Ｃ３０００、シマノでも２０００～Ｃ３０００。ライトではダイワなら２５００～４０００、シマノなら３０００～Ｃ５０００だろう。ちなみにＣというのはコンパクトボディーのことだ。Ｃ５０００ならスプールのイト巻き量は多いが、ボディーはやや小さめと理解すればよい。

近年は1万円以下のリールでも回転性能、ドラグ性能とも、まったく問題ない。できればベールのラインローラーにベアリングが入っているものが望ましい。細いＰＥラインを使用するだけに巻き取り時のラインへの負担を軽減することは重要だ。

リールを購入する際に気にしなければいけないのは、ギア比である。現在、多くのスピニングリールには同じ銘柄でもノーマルギアタイプ、ハイギア（ＨＧ）タイプ、エクストラハイギア（ＸＧ）タイプがラインナップされている。

コンパクトボディーに3000クラスのイト巻き量があるC3000のスピニングリール。このリールはPEライン1号が220m巻ける仕様になっているのでライトショアジギングにぴったりだ

リールを選ぶ場合のキモになるのがギア比。スーパーライトならノーマルギアでもよいが、最初の１台にはハンドル１回転で１mほど巻き取れるハイギアタイプがおすすめ。エクストラハイギアは必要ない

スーパーライト用ならノーマルギアをチョイスする。それほどルアーを速く動かす必要がないからだ。ただハイギアを使うと向かい風や横風が強い場合のラインスラックを素早く巻き取ることができるしルアーの回収も早い。

一方のライトショアジギングでは絶対にハイギアタイプがおすすめ。ジグも重く飛距離が出るため回収が早いほうが能率的だし、ジグを素早くアクションさせるためにもギア比は高いほうがよい。

とにかく最初に1台買うとしたらハンドル1回転で1m前後が巻き取れるハイギアタイプがおすすめだ。エクストラハイギアは魚を掛けたときの巻き取りパワーが低いので、あまりおすすめできない。

ハンドルの右巻き、左巻きは好みでかまわないが、ロッドを操作する反対側の手でリールを巻くのが理想。たとえば右手でキャストしロッドを左手に持ち替えて右手でリールを巻くと、それだけタイムロスが大きい。ハンドルノブはシングルタイプでよい。

最近は丸洗いできるリールも増えているので、釣行後はラインを巻いたスプールを外し、ぬるま湯の流水でボディーやハンドル、ベール、ラインローラーを念入りに洗浄してやろう。

タックルを大切にしよう！

釣りは帰宅後のメンテナンスを行なって完結。次回の釣りも気落ちよく行ないたいものだ。タックルのスペックを最大限に発揮させるためにも……

■海で釣りをするライトショアジギングでは釣行後のメンテナンスが欠かせない。ロッドもリールも使いっ放しだと付着した海水の塩分がタックルの寿命を縮めてしまう。第一、次回の釣行時に気持ちよく釣りをしたい。ロッドもリールもベタ付いたままではテンションがダウンしてしまう。とにかく帰宅したらロッドやリールはぬるま湯で塩分を落とすこと。近年は丸洗いできるリールも増えているので、風呂場でシャワーで洗い流すのが手っ取り早い。リールはラインローラー部、ロッドはガイド部分を念入りに。ローラーやガイドに塩分が付着したままだとPEラインを傷めてしまう。ただしリールのスプールは取り外して冷たい真水で別に洗うこと。ぬるま湯を使用するとスプール内にあるドラグのグリースを溶かしてしまうからだ。真水を入れた洗面器に２～３時間漬けておけばPEラインに染み込んだ塩分を除去できる。

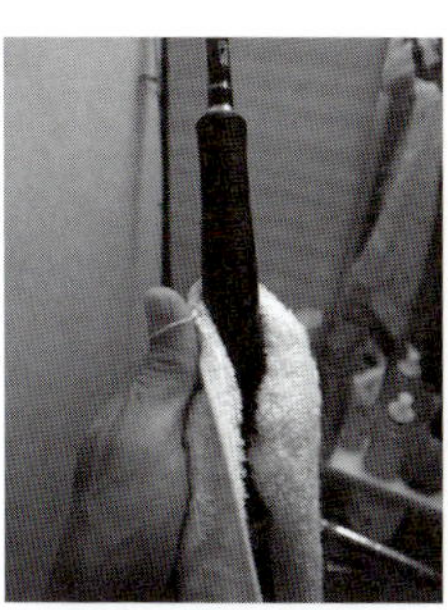
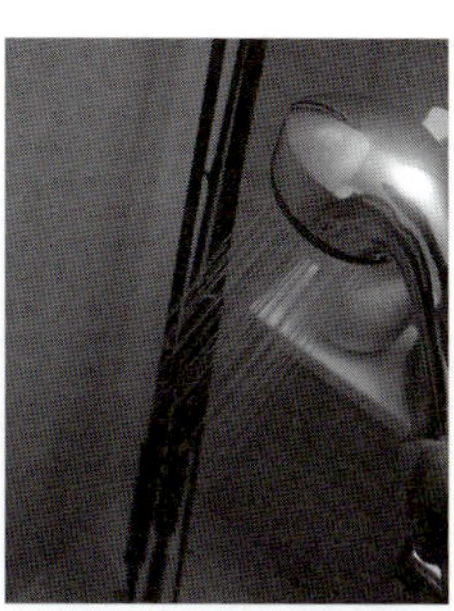
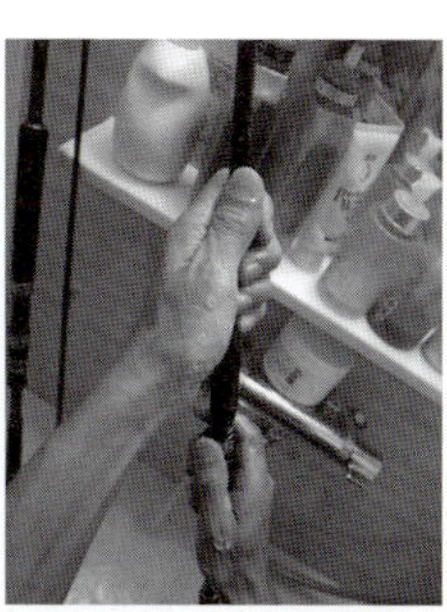
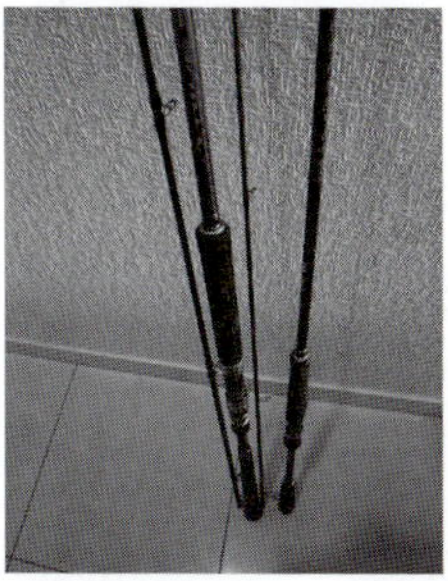

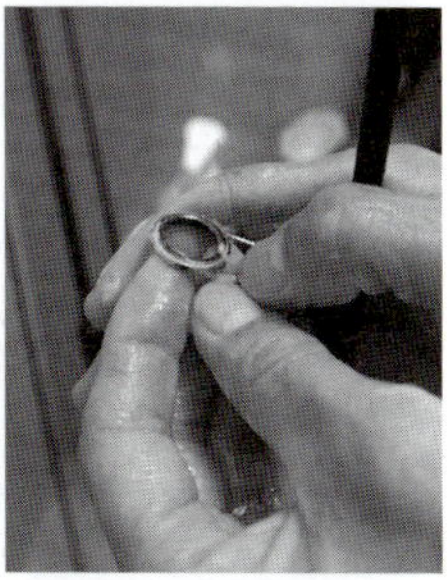
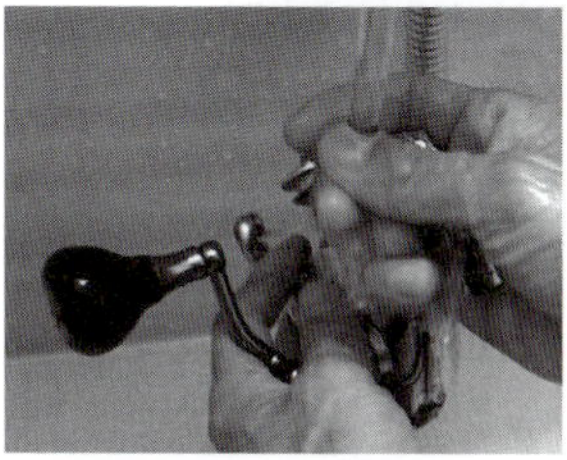
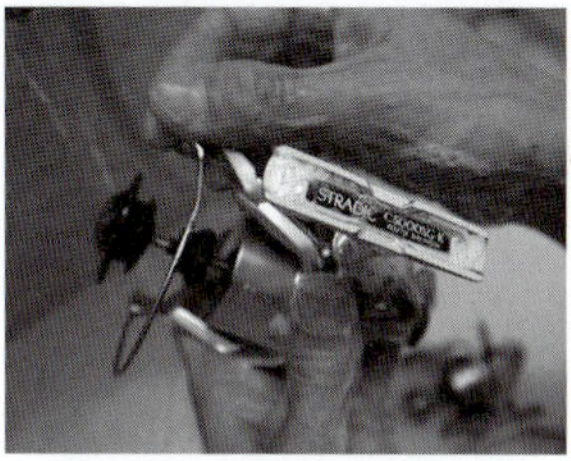

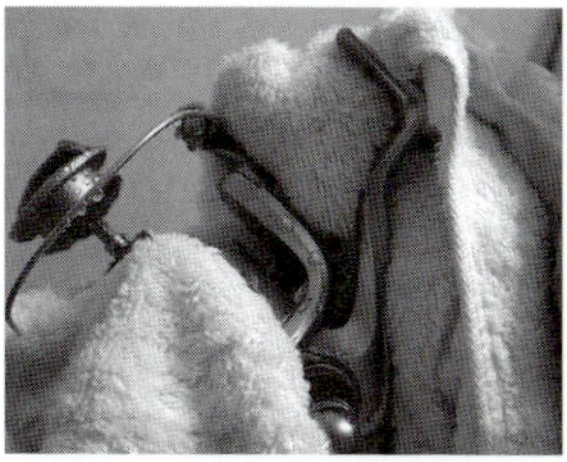
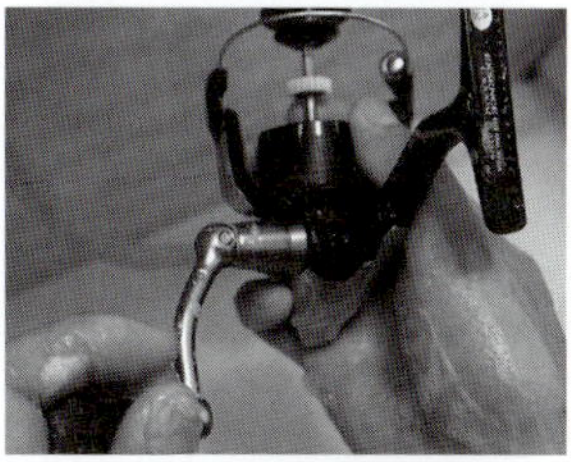

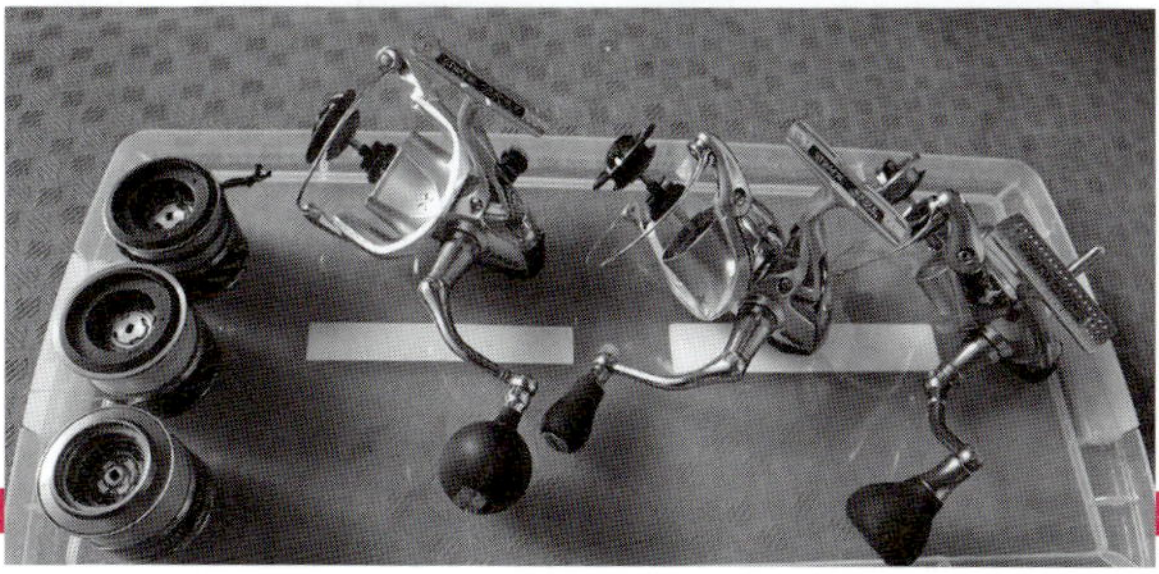

ロッドやリール本体は中性洗剤を使いぬるま湯で手洗いすればさらによい。スプールは取り外して冷たい真水に漬ける。洗浄後は水分をしっかり拭き取り陰干しすれば完璧だ

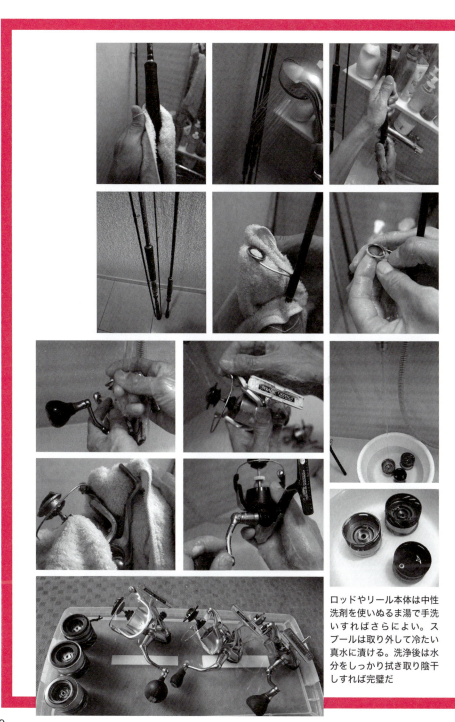

ラインはＰＥ。４本ヨリの単色でＯＫ！

使用するラインはＰＥだ。リールに巻くのはスーパーライトショアジギングなら０・５〜１号を１５０〜２００ｍ、ライトショアジギングならＰＥ１〜２号を１５０〜２００ｍ。これらの釣りでラインに求められる条件は、ある程度腰があるＰＥであること。ＰＥはどうしてもイト絡みが発生した場合、ナイロンラインなどにくらべて解くのが非常に困難。それを少しでも解消しやすくするために、一度絡むとダンゴになって解けにくい軟らかいラインよりも、腰があるほうが多少はダンゴになりにくいのだ。また軟らかいＰＥはキャスト時にスプールから放出されるときに、下に巻かれた部分まで一気に出てしまうことがあり、これがガイドで絡んでイト切れが発生すると、大切なルアーをロストしてしまう。

ただ近年はどのＰＥでも、そういった事故は少なくなった。表面へのコーティング技術が進歩しラインに腰ができるようなったからかもしれない。基本的には着色されていない素材そのままの白いＰＥが強度的には一番だ。したがってショアジギングでは、オフショアでは必要なレンジを把握するために色分けされたものは必要ない。

またラインの滑りや撥水性能を向上させるためにシリコンスプレーを塗布するのもよい。ラインがもつれた場合に解きやすいし、ガイドとの摩擦抵抗が小さく抜けがよいのでジグの飛距離もアップする。さらに吸水が抑えられるので耐久性も向上し、表面の毛羽立ちも少ない。ただ、ホームセンターで安価に手に入るものでもＯＫだが、ラインを着色した塗料との相性があり、シリコンをスプレーすることで塗料と化学反応を起こし劣化を早める場合もあるので注意（スプレーした直後に魚がヒットし、アワセ切れしてしまうことも）。使用しているラインと同じメーカーから出ているスプレーならまず問題はない。

ヨリイトであるＰＥは×４（４本ヨリ）、×８（８本ヨリ）などヨリ数の違うものが発売されている。ヨリ数が多いほど表面が滑らかでガイド通過時の抵抗も小さく静かで、ジグもよく飛ぶ。耐久性もヨリ数が多いほど高い。またジャークした際にガイドに擦れる音が海中に伝わるということで、できるだけ擦れ音が小さいヨリ数の多いＰＥの使用に

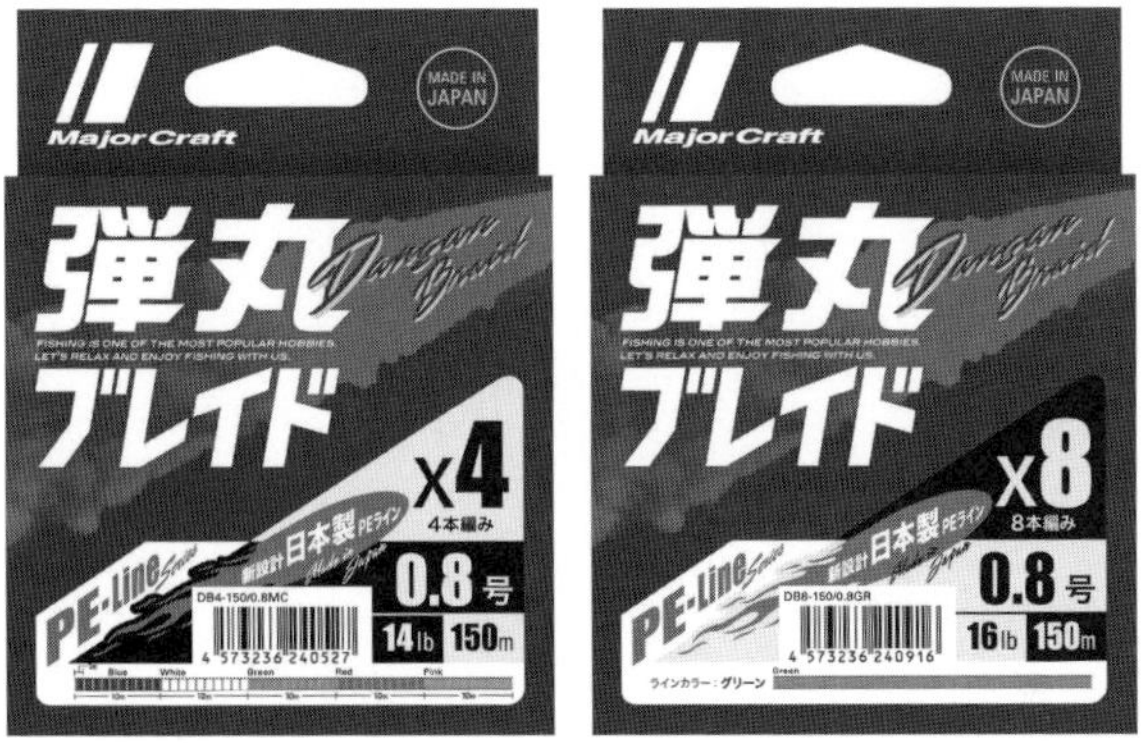

弾丸ブレイド（メジャークラフト）コストパフォーマンスに優れたPEライン。４本ヨリの×４、８本ヨリの×８があり、ともにラインカラーは単色がグリーンと５色マルチから選べる。タチウオ専用（×４のみ）は夜間でも視認性に優れるホワイト

こだわる人もいる。しかし、とにかくヨリ数が多いPEほど高価なので手軽なライトショアジギング入門時は安価な4本ヨリで充分だ。

それでもナイロンなどにくらべ長持ちするPEだが、表面が毛羽立ってきたら、いったん別のリールかスプールに巻き取り、もう一度別のリールに巻き取ってから元々のスプールに巻き戻せば、下に巻かれていた未使用部分が上になる。同じリールの替えスプールがあれば1回巻き取り、それをリールにセットすればよい。

帰宅後、リーダーシステムを組み直す際は、傷みが激しい先端2〜3mは切って捨てること。PEラインの交換時期は200mのものなら150m以下に短くなった時点。リールのスプールには、ほぼめいっぱい巻くのが基本で、あまりにもスプールのエッジからライン巻き取り面との段差が大きいと、キャスト時の抵抗になりジグの飛距離に影響を与えてしまう。

またPEラインを長持ちさせるためには釣行後のメンテナンスも重要だ。P28〜29のようにスプールを外して、洗面器などに入れた真水に2〜3時間漬けて塩抜きすることで、全然持ちが違う。ただし、ぬるま湯は厳禁。スプール内ドラグ機構のグリスが溶け出してしまう。

リーダーはフロロカーボン1ヒロが基本

細いPEラインの先、ジグとの間にはリーダーと呼ばれる太めのイトが必要。ライトショアジギング、スーパーライトショアジギングともボトムをきっちり取る必要があるので、高比重で伸びが少ないフロロカーボンリーダーが適している。ナイロンにくらべて強度があるフロロ素材のリーダーは、ナイロンよりワンランク細いものが使え、PEラインとの結び目が小さくでき、キャスト時のガイド通過を妨げにくく、また細いだけに空気抵抗も小さいのでロングキャストが可能。さらにフロロはナイロンにくらべ摩擦に強く海底の根や防波堤際のテトラなどに擦れた場合でも切れにくいのが特徴だ。

フロロリーダーはノットに細心の注意を払うこと。PEラインを編み込んで結び目が折れ曲がると、その部分が弱くなる傾向にあるため、できるだけ結び目が真っ直ぐになるよう結ぶ必要がある。

スーパーライトのPE0・5～1号にはフロロ3～5号（12～20lb）、ライトショアジギングのPE1～2号にはフロロ3

リーダーはフロロカーボンを使い長さ1ヒロが基本。太さは釣り場やターゲットの大きさに合わせる

フロロカーボンリーダーはルアー専用のものでなくてもかまわない。船釣り用などの長巻きものがコストパフォーマンスに優れているので、頻繁に結び替える場合でも懐にやさしい

〜12号（12〜50 lb）が目安だが、リーダーの太さは季節や釣り場の条件、対象魚によって多少前後する。たとえば初夏は、回遊する魚のサイズもまだ小さいのでリーダーは細めでかまわない。秋が深まり11月にもなると50〜60 cmのハマチ、それ以上のメジロやサワラも回遊するのでリーダーを太くする必要がある。また魚がそれほど大きくなくても、足下やボトムにテトラや岩などの障害物がある場合は、それなりに太くしておかないと根ズレで切れてしまう。タチウオなど歯が鋭い魚にはフロロの先にワイヤリーダーも使用する。また向かい風がきつい場合はジグも重いものを使用するため、キャスト切れを防ぐ目的からリーダーは太めにする。

リーダーの長さは1ヒロ（1・5ｍ）が基本。ジグの結び替えや傷が入った部分を切って短くなったら、面倒でも結び替えるほうがよい。1ヒロのリーダーが70 cmまでになったら結び替えよう。

もちろん各メーカーから発売されているルアーフィッシング用のフロロリーダーでよいのだが、いわゆる海釣り用のフロロハリスでも問題ない。そのなかで、もっともコストパフォーマンスに優れているのが船釣り用の長巻き（100〜200ｍ）スプールのフロロハリスだ。

フロントがシングル、リアはトレブルフック

市販されている5～40gのメタルジグにはフロントフック、リアフックとも標準装備されているものが多い。基本的にはそのまま使えばよい。経験を重ねることでリアのトレブルを外すことでジグの動きがよくなるなど、いろいろと理解が深まるのだが、入門時はジグに最初からセットされたものを使えばよいのだ。バランス的にもベストな状態になっているはずだ。

ただ使用を繰り返していると、どうしてもフックが伸びたりハリ先が曲がったりと、いずれは交換しなければいけなくなる。そうなったときのために、釣り場には予備の交換用フックを持参されることをおすすめする。

基本的にフロントをシングルフックにするのが鉄則だが問題はリア。ほとんどの場合、リアにはトレブルフックが装着されているが、あまりにもボトムに障害物が多く根掛かりが多発するポイントではトレブルを外してシングルに交換するか、フックなしにするかのどちらか。ただフッキング率からいうとリアにもフックがあるほうが上なのはいうまでもない。

フロントのシングルは1本。2本付ける必要はない。ただ交換するなら、もともとセットされているフックより2倍ほどにサイズアップしたほうがよい。特に晩秋、ハマチなどの回遊魚が大きくなる季節は小さいシングルフックだと口のカンヌキに浅くしか掛からずバラシ率が高くなるからだ。20～40gのジグならフックサイズでいうと1／0～2／0でよいのだ。また魚種を問わずアタリがあっても掛からないことが多い場合は、フックサイズをアップすることで格段にフッキング率が向上する。タチウオならリアのトレブル、つまり3本バリから4本の十字バリ（オフショア用の細軸バーブレス）に交換することで当たってくるタチウオを確実にハリに乗せられるようになる。

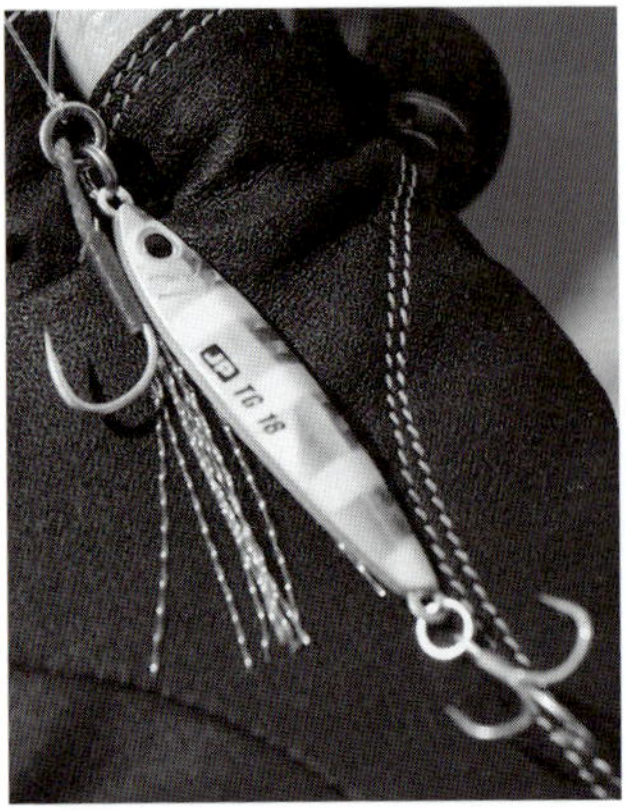

基本的にはメタルジグに標準装備されているフックをそのまま使えばよい。バランス的にも問題ない

①

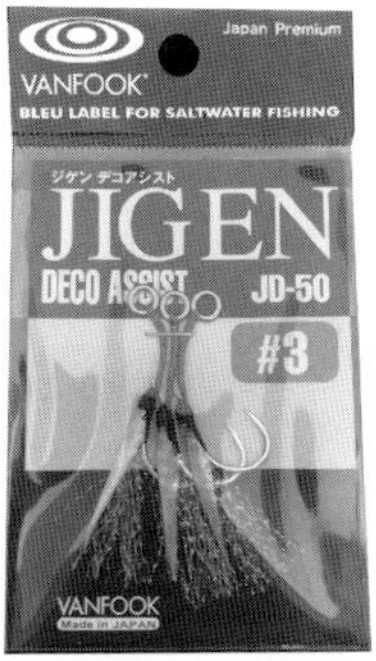

②

③

④

●アシストフックとタチウオ用フック

①ジゲンデコアシスト JD-50 ＃ 3（ヴァンフック）

標準のフロントフックにはティンセル付きのものも多いと思うが、このフックは魚皮とティンセル付き。紫外線に反応する蛍光塗料を皮の表面とチモトにコーティングしてあるため、特にアジやサバにハイアピール

②デコツインアシスト DT-30 ＃ 4（ヴァンフック）

小型のジグやタングステンジグ 18 ～ 24 g に使用。このフックにも魚皮が付いているので、沈下速度が速いタングステンジグのフォールスピードを抑制する効果があり、フォールに反応することが多い小型回遊魚に最適

③サーベルスナイパーアシスト TWS-22 ショートタイプ＃ 1/0（ヴァンフック）

④サーベルフッカー TH-11 ＃ S（ヴァンフック）

タチウオねらいの場合は写真③④のような専用フックに交換することでフッキング率が大幅にアップする

ハリ先の研ぎとフック交換

ハリ先が鈍っているジグはないか？　使用を繰り返すほどに海底の岩や防波堤などに当たってハリ先が鈍ったり外を向いてしまうことがある。せっかく魚がヒットしても。しっかりフッキングせずバラシの原因になる

■ライトショアジギングに限らず、あらゆる釣りではハリが魚との接点である。したがってハリ先が鈍っていたりサイズが合っていないと非常に掛かりが悪くなるものだ。ここでは簡単なハリ先の研ぎ方、トレブルフックやシングルフックの着脱の方法を紹介しよう。ハリ先の研ぎにはフックシャープナー、フック着脱にはスプリットリングオープナーが付いているプライヤーが必要。

●フックを研ぐ

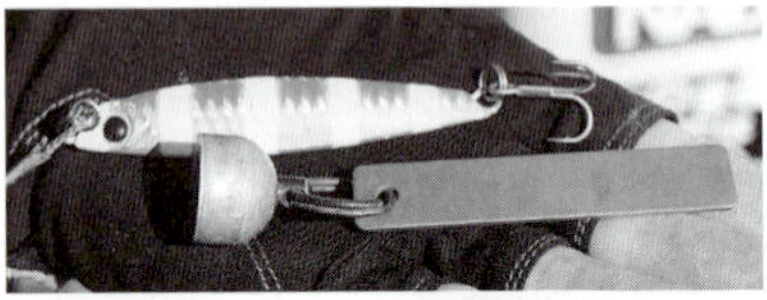

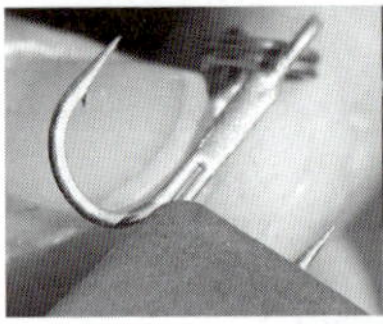

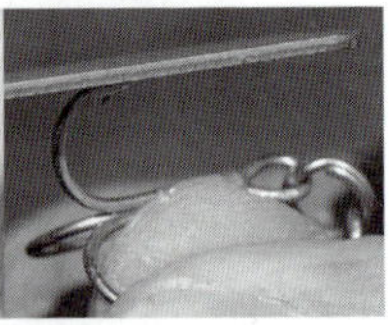

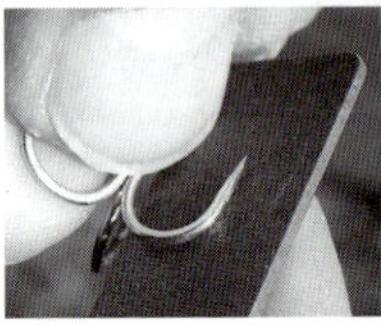

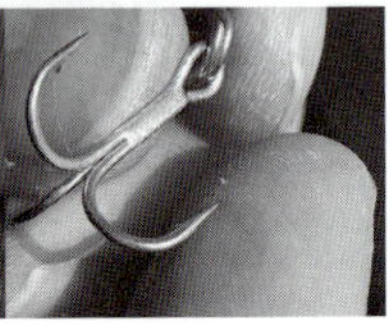

フックの研ぎ方は三面研ぎ。シャープナーを真っ直ぐ当てて外側、左右それぞれをハリ先に向かって並行に数回研ぐ。指の腹に当ててみて引っ掛かるようなら OK だ

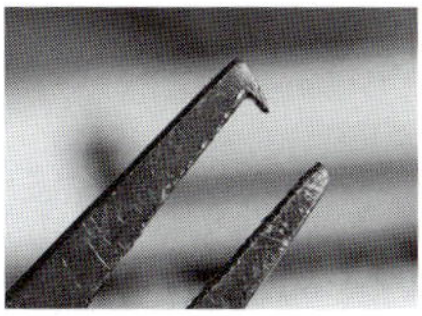

スプリットリングオープナーが付いたプライヤーの先端

●フックを取り付ける

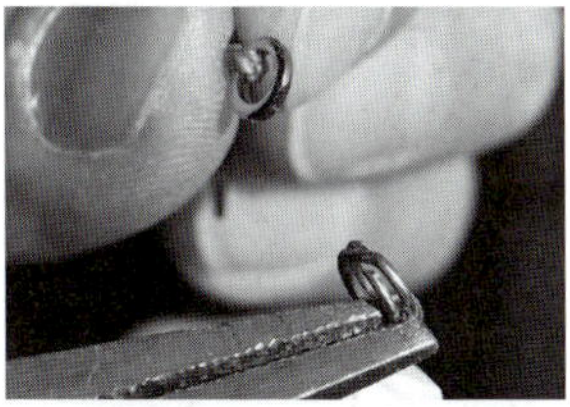

①リングの端を広げてスタンバイ

②隙間にフックのアイを差し込む

③リングを回転させる

④取り付け完了

●フックを外す

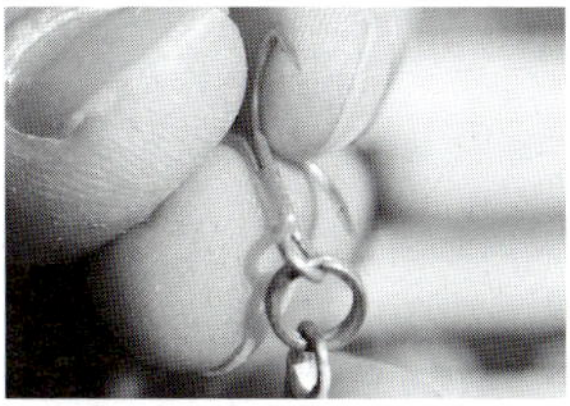

①トレブルフックは指３本で挟む

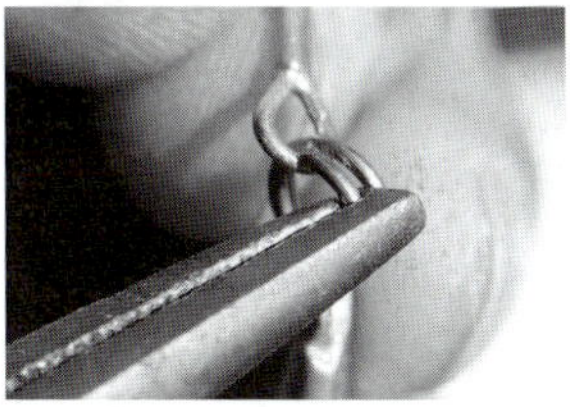

②プライヤーでリングを広げる

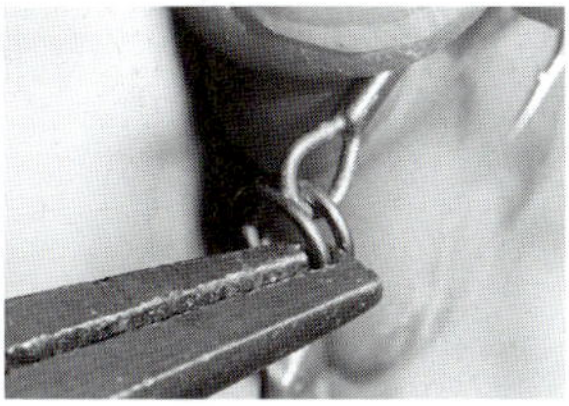

③リングを回転させる

④リングの端まで回転させる

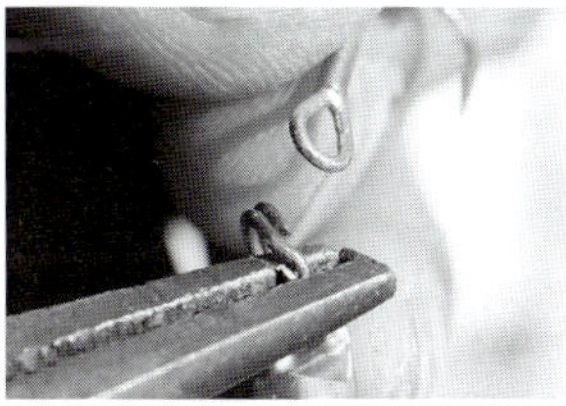

⑤取り外し完了

スナップなどリグ用の小物

10g以下の小型メタルジグには、スナップを使用すると便利。それ以上のサイズのジグはリーダーをスプリットリングに直結するほうが強度的に安心だ。

小型ジグでアジ、サバ、メッキ、カマスなどをねらう場合は、ジグのウエイトを細かく変化させることでヒット率のアップにつながるため、頻繁にジグを交換する必要がある。そのためにスナップを重宝するのだ。またナブラやボイル発生時も、すかさず発生距離に対応するためにジグの素早い交換が必要で、スナップが持つクイックリーさが欠かせない。

ただしサビキ仕掛けなどに付いているスナップサルカンなどは、キャスト時やジグをシャクったとき、大きめの魚がヒットした場合に開いてしまうことがある。そのため必ずロック機構が付いたスナップを使用してほしい。たとえば、がまかつ「音速パワースナップ」#SS、#Sなどフック先端がカギ状になったものを使用すれば安心だ。ショアジギングでは、このようなロック機構付きスナップでないと想定外のジグロスト、バラシにつながる。

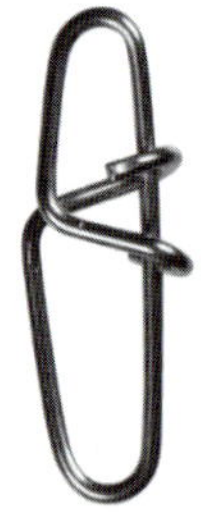

スナップを使用する場合はカギ状のロック機構が付いたものが強度面で安心

ジグに付いているスプリットリングは、そのままでOK。ライトショアジギングではスプリットリングを伸ばされるということはまずない。フック交換のためにスプリットリングも購入するのであれば、30g程度のジグで#6、10gのジグなら#8ぐらいのサイズがよいだろう。

ジグのリア側にブレードをセットしてチューンナップすることもあるが、どちらかといえばハタ系などの根魚をねらう場合だ。回遊魚ねらいでもリアフックを外しブレードに付け替えたり、ブレード付きのトレブルフックに交換してジグのアピール度をアップさせることは可能だが、ジグ本来のアクションを抑制してしまう場合があるので、必ずしも必要ではない。逆にジグの動きをよくするためにリアフックを外すだけのほうが回遊魚には効果的だ。

頻繁にジグのサイズやカラーをシェンジする場合はスナップが便利。メタルバイブでは取り付け位置を変えることで泳ぎも変わるので、素早くチェンジできるスナップが欠かせない
メタルジグでもメタルバイブでもフックは、スプリットリングで本体にセットされている。ライトショアジギングでは標準装備のもので強度的に問題ない

フィッシュグリップとプライヤー

●フィッシュグリップ

フィッシュグリップがあると非常に便利。ルアーが付いたままの釣りあげた魚を直接手づかみすると、魚が暴れたときにルアーのフックが手に刺さるなど非常に危険。またランディングネットの持ち合わせがない場合、足場が低い釣り場に限った話だが、足下の海面に浮かせた魚の口をフィッシュグリップで挟んで取り込むことも可能。万が一、ヒレに毒のある魚が掛かった場合もグリップで挟んでハリを外す作業をすれば安全だ。ターゲットの大きさに合わせて大小持っていればベターだが、ひとつだけ準備するなら大は小を兼ねるで、大きめがおすすめ。

タチウオ、アジ、メッキ、カマス、30cmまでのサバなどにはトングのような魚バサミが魚を固定しやすい。

フィッシュグリップで魚をキープし、プライヤーでフックを外せば安全だ。魚へのダメージも少ない

●プライヤー

プライヤーはロングノーズタイプがベター。リアのトレブルフックを魚に丸飲みされたときなど、短いプライヤーではフックを外しにくいからだ。歯が鋭いタチウオやハタ系の魚が掛かった場合も、魚が暴れてもロングノーズだと安心。またリリースする魚のボディーに触れることも少なくなるので、魚へのダメージが少なくてすむ。

ステンレス製の安価なものでもないよりはましだが、重く使い勝手もよくなくサビにも弱い。できればルアーフィッシング用で軽いアルミ素材、先端にスプリットリングオープナー、根元にPEラインも切れるラインカッター付きのものを選ぼう。便利で長持ち、結果的にお得だ。

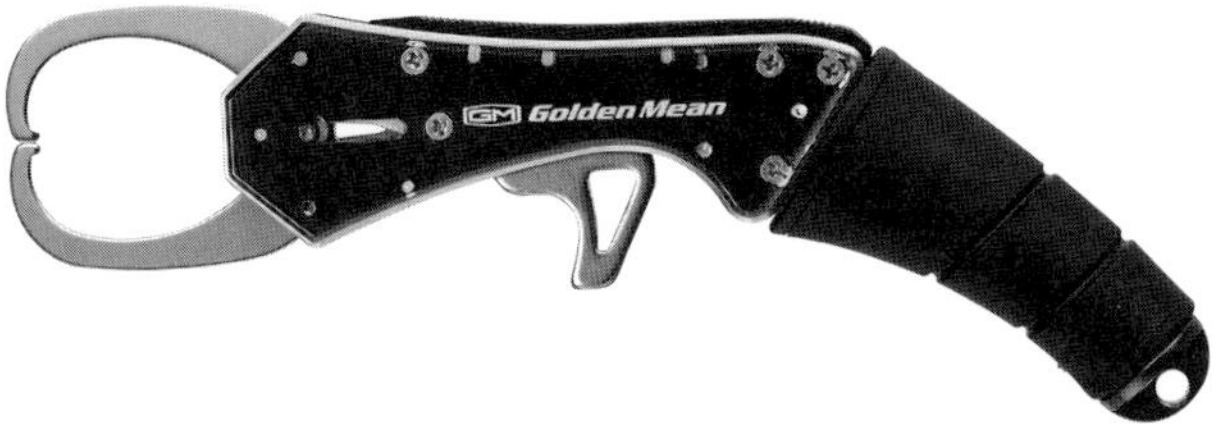

GM グリップ（ゴールデンミンーン）
幅広く使えるフィッシュグリップ。ライトショアジギングのたいていの魚はカバーできる

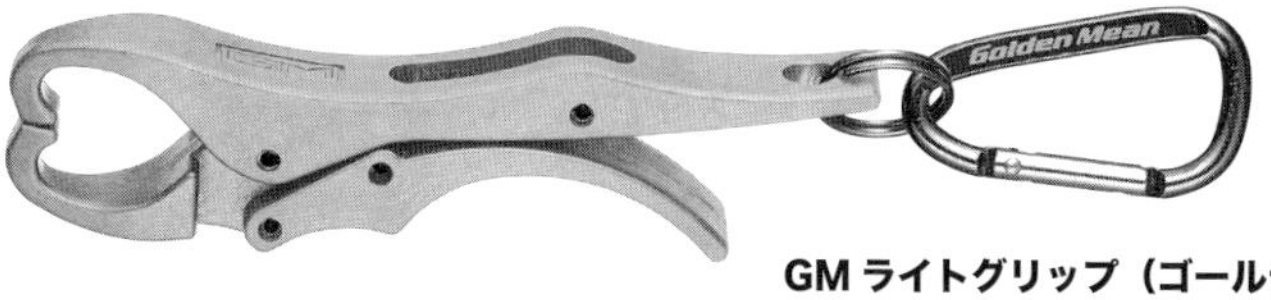

GM ライトグリップ（ゴールデンミンーン）
ターゲットがアジやメッキなど小型の魚限定の場合は小さいフィッシュグリップが軽快で便利

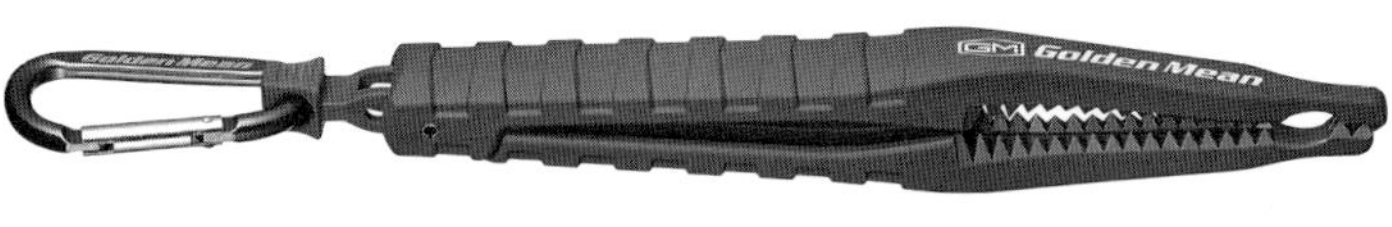

GMキャプチャーグリップ(ゴールデンミンーン)
アジやカマス、メッキ、タチウオなどは魚バサミ式のグリップが最適

GM プライヤー タイプ 3 ロングノーズ(ゴールデンミンーン)
ステンレスにチタンコーティングされたロングノーズのプライヤー。スプリットリングオープナー、PE も切れるラインカッター付き

ランディングネットは大きめを持参

50cm程度までの中小型の魚なら、ライトタックルでもバランスさえ取れていれば抜き上げて取り込むことが可能（当然スーパーライト用のタックルでは無理）。しかし、それ以上のメジロクラスや大型のサワラなど、タックルパワーを上回る想定外の重さの魚が掛かった場合は、無理せずランディングネット、タモ網を使用しよう。アジやメッキ、カマスなどをねらっての釣行には、必ずしも持参する必要はないが、小型魚ねらいでも大型がヒットする可能性が捨てきれない場合はネットを持参しておくと安心だ。

ネット枠の大きさは丸形なら直径50～60cm。ティアドロップ型ならM～Lサイズがおすすめ。魚をネットに入れる際、枠が小さいと入りにくいことが多いため、特に足場が高い場合は枠が小さいと困難を極めるので、できるだけ大きい枠を準備しよう。大は小を兼ねるのだ。

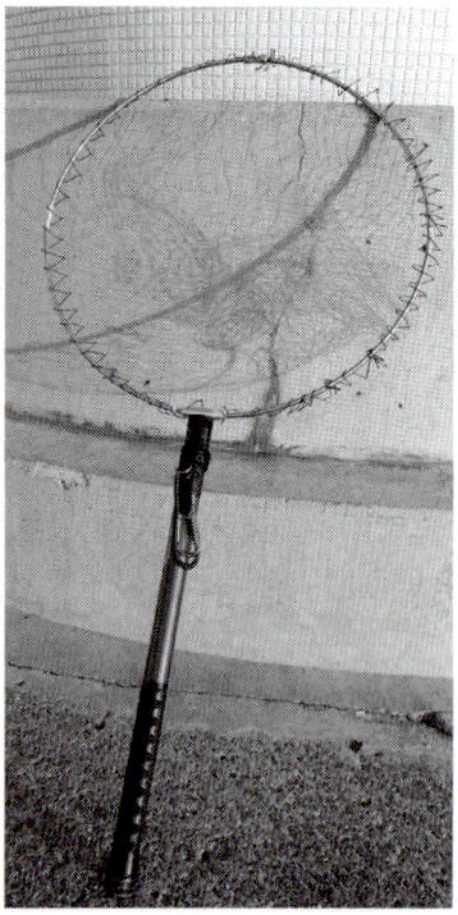

できるだけネットは大きめ、シャフトは長めがベター

また大きい枠ほどセットされているネットが深くなっており、大型魚をすくった際も安心。小型の枠でネットが浅い場合は、せっかくネットに入れた魚を引き上げるときに魚が暴れ、ネットから飛び出してしまう恐れがある。ネットの素材はナイロンでよい。オフショアでよく使われるゴムネットは魚に傷が付きにくいのだが、万が一ネットの一部が切れた場合は応急で補修ができない。ナイロン製なら手持ちのリーダー等で簡単に補修が可能だ。

ネットの柄、ランディングシャフトは最低でも4m以上のもの。4・5～5mが重量の上でも扱いやすい。短いと足場によっては届かず、テトラに下りるなど無理をすることにつながるので、安全のためにも長めのシャフトを持参することをおすすめする。

またポイント移動を繰り返す場合、仕舞い寸法が長いシャフトだと持ち運びが面倒。できれば小継ぎで仕舞い寸法が短いものがよい。またネット枠を180度折り曲げられるジョイント付きがベター。

タックルパワーを上回る想定外の大きな魚がヒットした場合は、無理して抜き上げずネットですくほうが確実

命を守るライフジャケット

手軽さが何よりのライトショアジギングだが、自分自身の命を守るために安全対策は万全にしておきたい。ライフジャケット（救命胴衣）を着用するのは絶対だ。いくら足場がよい防波堤で釣りをする場合でも万が一に備えて、海辺から離れるまでは必着のこと。それも正しい着用方法で。股ヒモがある場合は必ず股間に通して、身体に締め付けるタイプならベルトをきっちり締めておく。ゆるゆるの状態だと落水した場合に脱げてしまいライフジャケットの意味をなさない。

ライフジャケットは必需品。固形浮力式のゲームベストならポケットにルアーを収納、プライヤーなどもぶら下げておくことができる

　ライフジャケットには固形浮力体式と膨張式の2種類があるが、もっとも安全と考えられるのは固形浮力体式。ルアーフィッシング用のゲームベストには、このタイプが多くポケットやプライヤーホルダーなどが付いているので便利にできている。

　一方の膨張式は軽快さがウリ。自動膨張式は落水した際に水に反応しボンベからガスが出て自動的に膨らむ仕組みになっている。自動ではなく自分自身でヒモを引き膨らませる手動式もあるが、できれば自動膨張式を選びたい。落水時のショックで気を失った場合など、手動式だと浮力を得られないことがあるからだ。

　膨張式で非常に気になるのがボンベの寿命だ。購入後、釣り場で着用を開始して1～3年での交換を推奨しているメーカーが多い。同時にボンベに付属するスプール、安全ピンといったパーツもボンベセットとして同時に交換するのが望ましい。

自分の身は自分で守る。手軽なライトショアジギングといえどもライフジャケットなど安全装備の着用は絶対だ

ライフジャケット以外の安全&快適装備

安全快適に釣りを行なうために必要なものは、ライフジャケット以外にも多くある。まずは足下。メインのフィールドがコンクリートや石の防波堤、護岸では一般的なスニーカーでも問題ないが、雨や海水で濡れた場合まで想定すると、フェルトスパイクソールのフィッシングシューズを履いておくのが無難だ。特に満潮時、頻繁に潮が洗うような場所は表面に海藻が付着してることが多いので、ゴム底の靴では踏ん張りが利かない。気温が高い時期ならシューズタイプ、冬場などは防寒機能が付いたブーツタイプが快適だ。

気温が高い時期でも安全のためにグローブ着用がおすすめ

手袋、グローブは夏場でも、できれば着用したい。釣り場移動中にふらついたり転倒した際、思わず地面に付けた手を傷付けるのを防いでくれるし、ルアーのフックや魚のヒレのトゲなどからも守ってくれる。完璧ではないが素手よりも確実に被害は少ない。

帽子は日除けになるだけではなく、転倒時はグローブと同様だし、メタルジグが頭に直撃する可能性もゼロではない。そんなときに帽子をかぶっていれば、ダメージは間違いなく少ない。キャップでも全然問題ないが、真夏などは、ぐるっと360度ツバがあるハットタイプが首筋の日焼けも防いでくれるので快適だ。

偏光グラスは沖の潮目や潮の変化、足下の海中が見やすいだけではなく、UVカット機能付きなら紫外線から目を守ってくれる。レンズカラーはブラウン系がオールマイティーだが好みでかまわない。ルアーが顔に直撃する最悪のシーンでも裸眼より間違いなく安全だ。

ギラつく海面には偏光グラス。UVカットレンズなら紫外線から目を守ってくれる

紫外線が厳しい時期は周囲にツバがあるハットタイプの帽子がおすすめ。首筋の日焼け度合いが、まるで違う

足下はフェルトスパイクタイプのフィッシングシューズもしくは同ブーツが安全

タックルボックス＆クーラーなど収納関係

釣り場にリールやルアーを持ち込む際、ベルトや取っ手が付いたハードバッカンタイプのタックルバッグがあれば便利だ。思わぬ降雨や飛沫をかぶった際も、きっちり蓋《ふた》を閉じていれば水の侵入を防いでくれるので、釣りに集中できる。帰宅後の水洗いも簡単で、すぐに乾く。ロッドスタンドが付いていればリグ交換作業やスペアのタックルをスタンバイさせておく場合に非常に便利だ。

　メタルジグをタックルバッグに収納する際、プラスチック製のルアーケースに種類やウエイトごとに整理して入れておくと、釣り場での交換がスピーディー。蓋の部分には内容を記入したシールなどを貼っておくとルアーを探す手間が省ける。

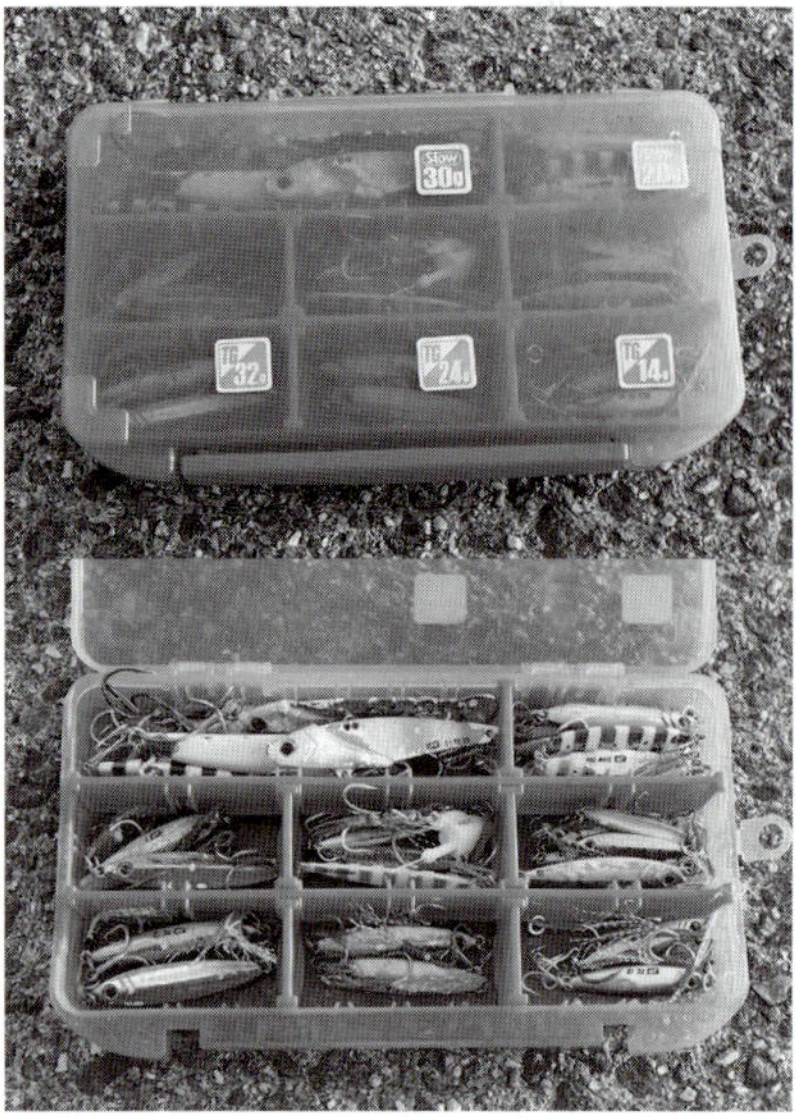

ルアーケースにはメタルジグをウエイトや種類ごとに小分けし、蓋の表には内容を記入したシールなどを貼っておけば便利だ

　釣りあげた魚を持ち帰るならクーラーボックスも必要。特に気温が高い夏などは氷や保冷剤を用意。飲み物や食料品を入れるだけなら、ごく小さなものでかまわないが、ターゲットによっては大型のクーラーボックスでないと入らないこともある。たとえば30cmぐらいまでのアジやカマスなら容量10Lもあれば充分。ツバスやハマチ、シオ、サゴシ、タチウオ、サバねらいの場合は12～25Lはほしい。ライトショアジギングでは大ものの部類になるメジロやブリなら40～90Lというビッグサイズが必要だ。ただ大型クーラーは自宅で邪魔になるだけでなく、釣り場に持ち込む際も重くて不便。片側に車輪、反対側に取っ手付きのものなら移動も楽だが、長辺が60cmほどある発泡容器をクーラーがわりにするのも賢い方法。何より安価だし、とにかく軽い。オシャレにステッカーチューンするのもよい。

ハードバッカンタイプのタックルボックス。蓋をきっちり閉めておけば突然の雨でも慌てない。サイドにポケットやロッドスタンドが付いていれば機能的だ

アジ、メッキ、カマスなど小型の魚がメインの場合は小型のクーラーボックスで充分。飲料や食料の保管庫としても役立つ

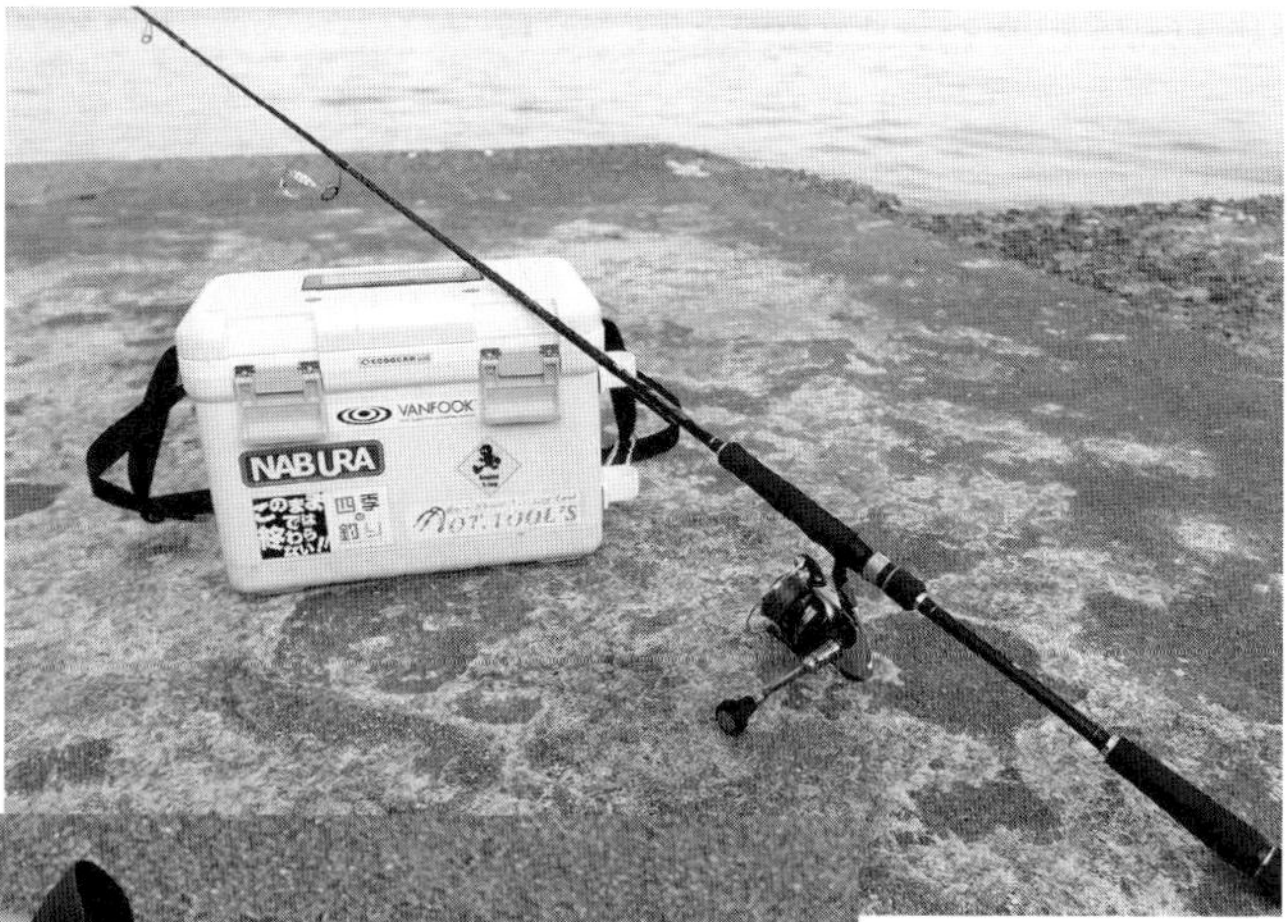

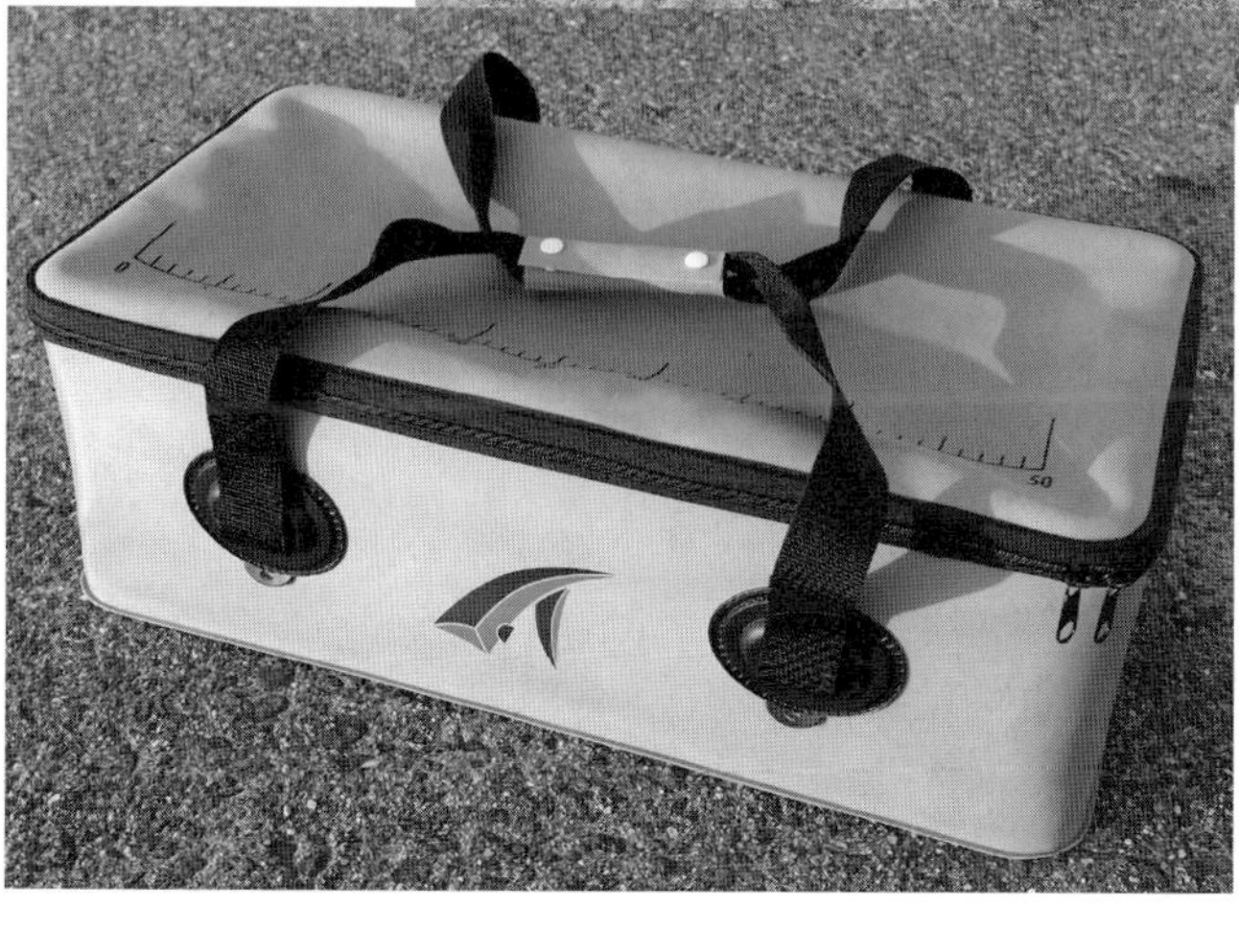

本格的なクーラーボックスほどの保冷力はないが、写真のような簡易クーラーならメジロクラスが入る大きさでも非常に軽い。気温が高い時期でも短時間の釣りなら保冷剤か氷を入れておけば充分だ

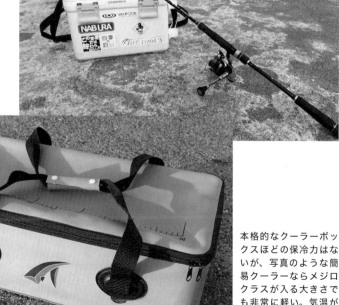

釣った魚を美味しく食べるために

釣りあげた魚を美味しく食べるために必要なもの。締め具（ナイフでもOK）、神経締めワイヤ、血抜き用には水くみバケツ。ロープ付きのストリンガーがあれば海水で直接抜いた血を洗い流せる

■釣りあげた魚は、より美味しく食べたい。そのためには、きっちり活け締めして血を抜いてから、氷を利かせたクーラーに入れて鮮度を保ち持ち帰ること。小アジなど小型の魚ならそのままでもあまり影響はないが、特にサバやソウダガツオなど血合いが多い魚は鮮度が落ちるのが早い。きっちり血抜きして締めておかないと加熱調理するにしても、味が残念なほど落ちてしまう。「さば折り」という言葉があるようにサバの締め方は、非常に簡単だ。エラの付け根付近、エラブタ下部に指を入れ、サバが仰け反るようにボキッと首を折り曲げる。この後に海水を張った水くみバケツ等に浸せば自然に血が抜ける。ソウダガツオも大きくなければ同じ方法でOK。それ以外の魚はナイフやハサミなど刃物で締めるのが普通だ。また最近は「神経締め」という方法が一般的になり、専用ワイヤが釣具店にも並んでいる。

●サバやソウダガツオなどの簡単な方法「さば折り」

そこそこのサイズのサバなら、いわゆる「さば折り」で締めるのが手っ取り早い。エラブタの付け根から仰け反るように折り、すぐに海水を張ったバケツへ。クーラーに多めの氷と海水を入れた潮氷で血抜きすれば、さらに完璧。鮮度がまるで違う

●ナイフなど刃物を使って締める

ナイフなど刃物を使って締める方法には、いろいろあるが簡単なのはエラの付け根を切り離してしまうことだ。さらに尾ビレの付け根に刃先を入れて背骨を切断すれば、より血が抜けやすくなる。その後しばらくは海水に付けておくこと。ただクーラーに入れておくだけでは思うほど血は抜けない

●神経締めにチャレンジしよう！アジやタチウオの場合

死後硬直を遅らせることができる神経締めをしておけば、釣りを終えて帰宅したころに身の旨み成分が出るので、すぐに美味しくいただける。専用ワイヤを目と目の間から入れて脊髄の中をグリグリと通し髄液を取り除く

●神経締めにチャレンジしよう！ハマチ以上の大きい魚の場合

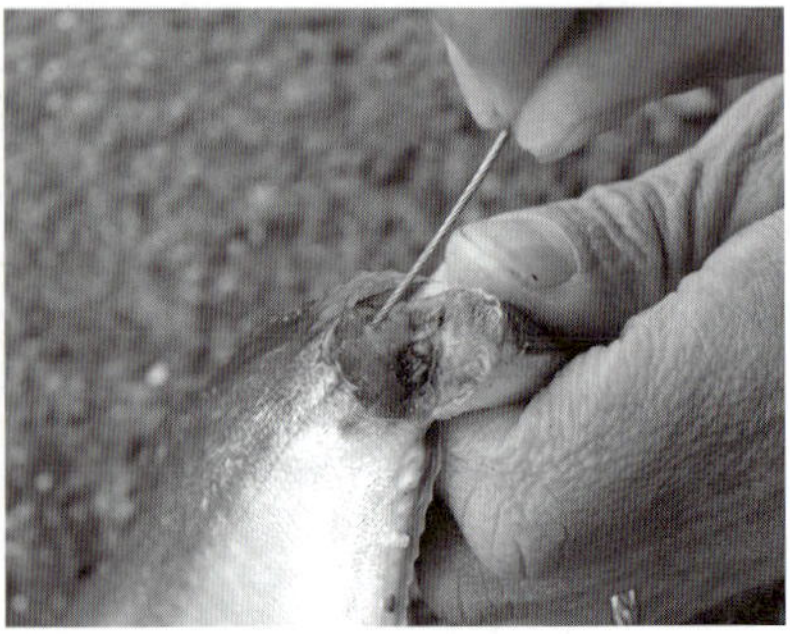

大型魚で神経締めを行なう際は尾ビレの付け根を切断し、背骨断面から脊椎の中にワイヤを通せば作業が簡単。ただし神経締めだけで血は抜けないので血抜き作業は別途必須だ

section2

ショアジギングの基本

非常に手軽なライトショアジギングだが、自己流で釣りを始めるよりも基本的な一連の動作をマスターしておくことで、はるかに釣果がアップする。投げて巻くだけの単純な作業のように見えるが、ちょっとしたコツがあるのだ。

正しいキャスティングを覚えよう！

ライトショアジギングでは可能な限り遠投し、広範囲を探ることが釣果アップの条件だ。そのためには正しいキャスティングの方法を覚えなくてはいけない。基本となるのはオーバースロー。ロッドの先端からメタルジグまでのタラシを長く取り、振り子の要領で投げるペンデュラムキャストである。バスフィッシングのように短いタラシでのキャストはピンポイントに正確に打ち込む場合には向いているが、決して遠投できる方法ではない。ロッドが長いほうがルアーの飛距離が伸びるように、タラシを長くすることで、それだけ遠心力が増し飛距離がアップするのだ。

タラシの長さはロッドを立てた状態でジグの位置がリールからすぐ上の最初のガイドあたりにくるのが基本。慣れてくればリール位置までと、さらに長くしてもよい。この状態で人差し指にラインを掛けてリールのベールをオープン、ジグを一旦前方に振り出し、振り子のように戻ってきたジグが自分の後方に出た瞬間に振りかぶるように投げる。リールを握る腕を押し出し、ロッドエンドを握る手を自分の胸元に引き、全体で円を描くような感じでロッドを振るとスムーズにキャストできる。難しいのは指からラインを放すタイミング。ロッドを前方に振り始めジグの重みがしっかりロッドに乗った瞬間が基本。その位置がほぼリールを握る手が自分の耳のあたりを通過した瞬間になるようだ。ジグを打ち出す方向は前方45度よりやや上。これが最も飛距離が出る放出角度だ。追い風の場合は、それよりやや上、向かい風は多少低めの角度で投げる。

ジグを思い切りキャスト。気分爽快。周囲、後方に人がいないか安全確認は怠りなく。フックが付いたルアーは使い方を誤ると凶器になりかねない

●キャスティング動作に移る前こそが肝心だ

中指と薬指の間にリールの脚を挟むように握るのが基本。まず人差し指の指先真ん中あたりにラインを掛け、ベールをオープン。この際、スプールがもっとも前方に突き出した状態にしておくとラインがベールに触れることが少なくスムーズに放出される。抵抗が小さくなる分だけジグの飛距離が伸びる

ショアジギングではタラシを長くし、その遠心力とロッドの反発力を利用して可能な限り遠投。タラシの長さはロッドを立ててリール上の最初のガイドぐらいを基本に、最長でリールあたりまで

①後方まで周囲の安全を確認してから振りかぶる。この時点でメタルジグはロッドティップよりも、さらに後ろに振れている状態。リールシートを握る手を自分の頭より上、ロッドエンドを握る手が顔の横あたりにきた時点でキャスト開始

振り子のようにジグを後方に振って投げるのが難しければ、慣れるまでは、一旦この状態で構えて静止してからでもよい。視線は沖の投入地点へ

②リールを握る手を前方高く押し出すように、ロッドエンドを握る手は自分の胸元に引きつけるように。ラインを掛けた指を離すのは、ジグの重みがしっかりロッドに乗った瞬間。リールを握る手が自分の耳の横を通過した直後がベストタイミング

③身体がぶれないようにしっかり腰を入れて投げる。リールあたりを中心点にロッド全体で円を描くイメージでキャストすればうまくいく。そうすることで身体もぐらつかない

④最後はフォロースルー。放出されるラインに抵抗がかかりにくいように　投入地点に向かってピタッとロッドを止める。理想は前方 45 度ぐらい。追い風の場合はジグをもっと高く打ち上げるように投げると風に乗ってよく飛ぶ。向かい風の場合は多少低い弾道、ライナー気味に投げるとイトフケも少なく風に押し戻されにくい

メタルジグ着水後から食わせのアクション

メタルジグをキャストし終えたら、リールのスプールに軽く指を当て放出されるラインにブレーキをかける感じで海底まで沈めていく。ショアジギングでは海底から宙層までを探るのが基本だからだ。ブレーキをかけず完全なフリーフォールで着底を待つと、その間に風や潮流で余分にラインが出てしまう。それだけ着底直後、すかさずリールを巻いて底を切らなければいけない動作が遅れ気味になってしまい、根が荒いポイントなどでは根掛かり発生のリスクが高くなるのだ。またジグを高く打ち上げて追い風に乗せてキャストした場合は特にイトフケが大きく出てしまうので、着水直後に少しリールを巻いてイトフケを回収してから底まで落とすようにしたほうが効率がよい。

ジグが着水し海底まで沈める間はスプールに手を添えるか、リールを握った手の人差し指などを当て、出て行くラインに軽くブレーキをかける

とにかくジグが着底した瞬間に、それでも多少は出ているイトフケをすかさず取って底を切り、ワンピッチジャークでのアクションに移る。ワンピッチジャークというのはロッドを1回シャクる間にリールのハンドルを1回転させる動作のことだ。この時のリズムは小刻みに素早いジャカジャカといった感じ。

このジャカジャカアクションは魚を食わせるためではなく、あくまでも魚たちにジグの存在をアピールするためのものだ。食わせるのはワンピッチでのジャカジャカアクションを何回か行なった後、左右に幅広くダートさせるスローなアクションに転じてからだ。小刻みに動かしていたロッドの動きを、ゆっくりとテンポよく大きく動かすことで、ややイトフケが生まれジグが左右にターンするようになるのだ。もちろん1シャクリでリール1巻きという基本は変わらない。

ショアジギングで探るレンジは海底から宙層まで。たと

ラインの出が止まり着底を確認したら、すかさずリールを巻いてイトフケをとり底からジグを少し浮かせ早いテンポのワンンピッチジャークで魚たちにアピールしよう

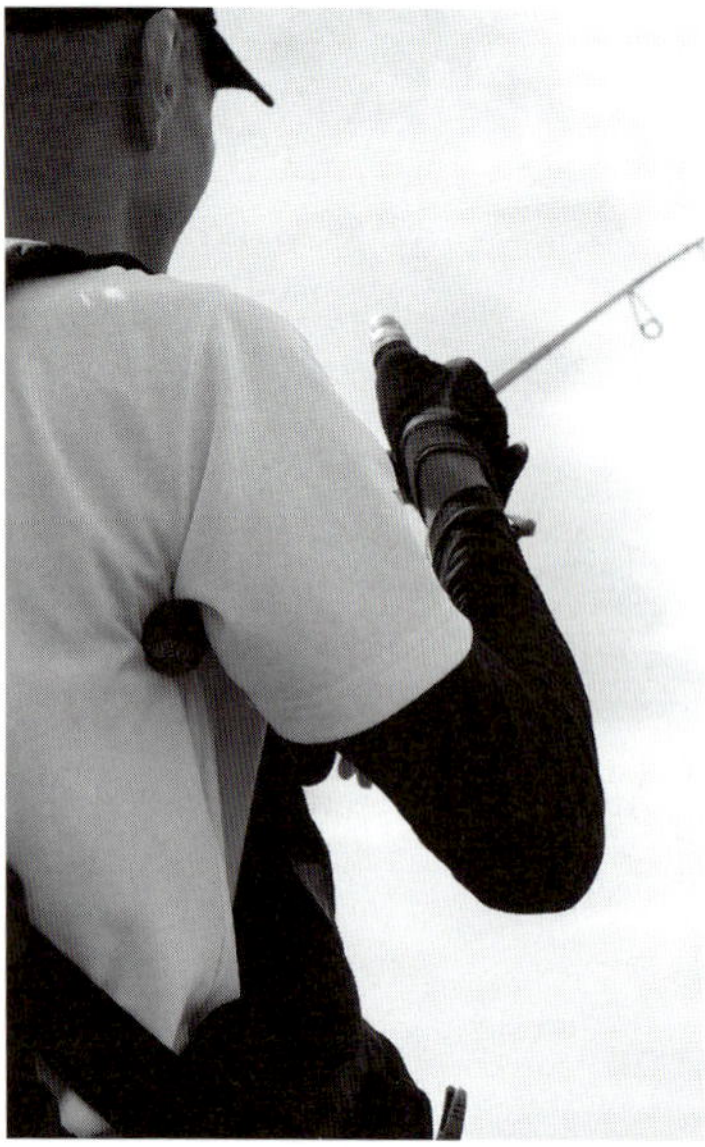
ワンピッチジャーク中はロッドエンドを脇に軽く挟むことで軽快なアクションを持続

えば水深20mのポイントで底から10mまでジグを引き上げたら、その時点で再びジグを海底まで落としてやる。この際もキャスト直後の最初のフォールと同じで、スプールに軽く指を当ててやるのをお忘れなく。この動作を何回か繰り返したらジグを回収しふたたびキャスト。ショアジギングでは足下近くまで探ることは必要ない。ドン深のポイントなら釣れなくもないが、足下から数mには敷石が入っていることが多く根掛かりのリスクも高い。

とにかく海底からは素早く派手なジャカジャカ巻きで魚たちにジグの存在をアピールし、突然緩やかに転じるジグの動きのリズムの変化で魚たちの捕食スイッチを入れ、さらには食わせの間を与えるのだ。こういった誘いの方法を

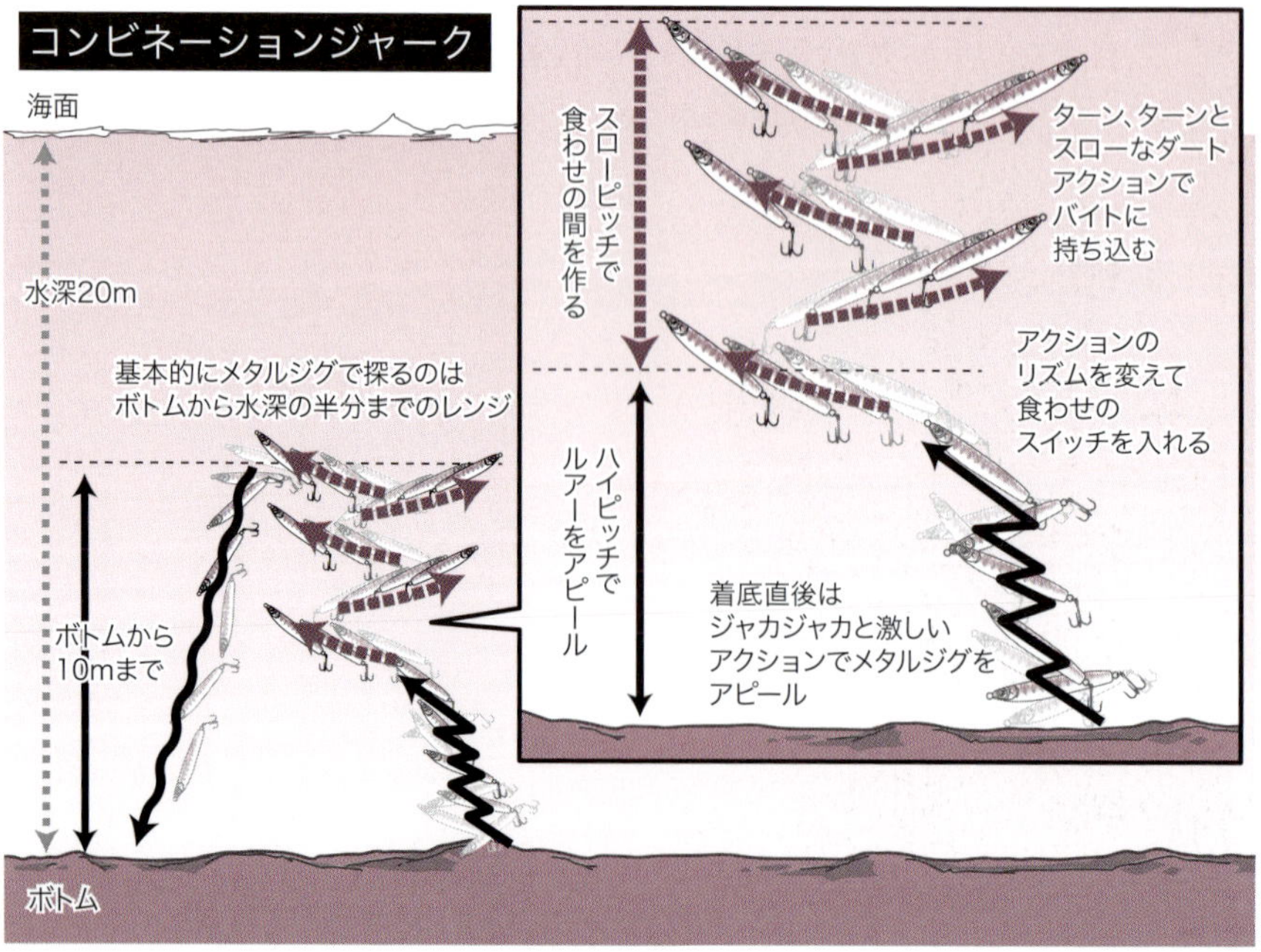

ワンピッチジャークの基本的な構えかた。ロッドの角度は前方45度。この角度を中心に上下にロッドを操作する。1シャクリでリールのハンドル1回転が基本だ

コンビネーションジャークという。

ただしカンパチの若魚であるシオのように、小刻みなジャカジャカアクションには反応がよいが、スローなリズムに転じたことでルアーから離れてしまうこともあるので、コンビネーションジャークがすべての場合での正解ということではない。あくまでも基本なので、その日の状況やターゲットに合わせて、もっとも反応がよくバイトにまで持ち込めるアクションを探っていこう。

ロッドの構え方の基本としては前方45度ぐらいの角度で、その前後で上下させる。リール部分を握る手は力を込めず、リールの脚を中指と薬指の間に挟み、指4本の上にロッドを乗せているだけといった感じ。またロッドエンドはロッドの上下動を妨げない程度に脇に軽く挟んでおく。こうすることで長時間のジャークでも疲れにくくなる。ジグのアクション中は余計な力を込めず軽快に行おう。

スローアクションでは見切られやすいのがカンパチの若魚シオ

ショアジギングでねらうレンジは先にも書いたように、基本的にボトムから水深の半分ぐらいまでだが、場合によってはボトム付近でしか反応が出ないことがある。そんなときには沈下が速いリアバランスのメタルジグを使用し、ボトムから3回ほどシャクっては落とすを繰り返し、ボトムレンジばかりをねらうこともある。また沖にナブラが出たときにはセンターバランスもしくはフロントに重心バランスがあるジグで表層付近を早巻きするだけでよい。これで食ってこない場合は早巻きの途中で、一瞬だけリーリングを止めて少しだけフォールさせてやるのも有効。

さらには関西のアングラーがいうところの「おっちゃんジャーク」という方法が、どハマりすることがある。これは底までジグを沈めたら、ロッドを横に寝かせてひたすら巻いてはグイグイッとシャクリを入れてタダ巻きするというもの。縦方向のワンピッチジャークが苦手な年配の釣り人に、よく見られる釣り方だ。途中でふたたび底までフォールさせることなく手前までそのまま引いてくるのだが、なぜかこればかりに釣れることもあるそうなので、釣れない場合は固定観念にとらわれず思い付くまま、いろいろな方法でアクションをかけてみよう。

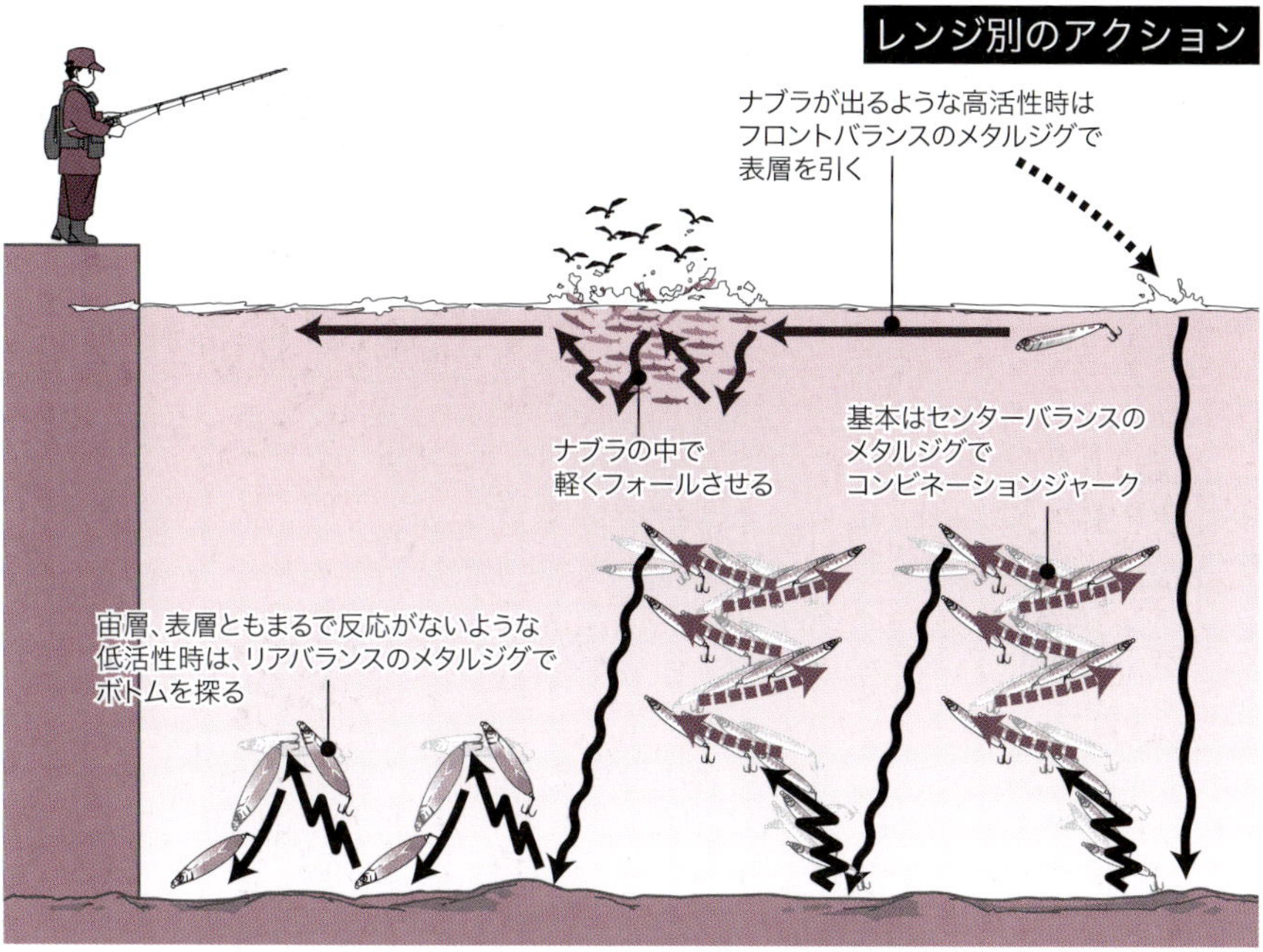

ボトムから宙層をねらう基本的なコンビネーションジャークにはオールマイティーなセンターバランスのメタルジグ、ボトム付近を重点的にねらう場合は沈下が速いリアバランスのメタルジグがよい

アワセ・ファイト・ランディング

　ジャークが基本のショアジギングなので、ジグをシャクっている時にガツンとロッドの動きを止めるアタリに対してのアワセは簡単だ。大きくシャクっている場合だと、そのシャクリ自体がアワセになる。小刻みなシャクリの場合でもロッドに伝わるアタリは明確なので、すかさず思い切りアワセを入れればよい。

　問題なのはフォール中に出るアタリだ。分かりやすいのはフォールするジグが止まる場合。まだボトムまで距離があるはずなのに、ジグの沈下が止まり出て行くラインがストップするのは魚がジグをくわえてステイしている状態だ。こんなときには、すかさずイトフケを取って大アワセする。さらに魚たちの活性が高い場合はフォール中のジグをくわえて勢いよく走り出す。通常の沈下速度より速くラインが引き出されることでアタリと判断できるのだ。この場合もイトフケを取り、ロッドに魚の重量感が伝わった時点で大アワセしよう。

　ジグに魚が掛かったらロッドを立ててファイト開始。アジやメッキ、カマスなど小型の魚がターゲットの場合は、ロッドを立てたままリールを巻くだけで足下まで引き寄せ海面に浮かせる。ハマチやメジロ、サゴシなど、そこそこ大きく引きが強い魚でも、基本的にはロッドを立てて引き寄せるのが基本。ただ魚が反転し疾走してサオがのされそうになったら、無理にリールを巻かずロッドを立て、その弾力で引きに耐える。ふたたび引きが弱まったと感じたらリールを巻いて引き寄せよう。

ジャーク中にガツンとロッドの動きが止まるのが、もっとも明確なアタリ。テンションを緩めずロッドを立てた状態でリールを巻こう

ジグのフォール中にラインの出が止まるのもアタリ。すかさずイトフケを巻き取り、のけぞるように大アワセ！

掛かった魚を抜き上げてしまうほうがランディングを失敗しない。ネットですくうのはタックルパワーを上回ると判断した大型魚だけ

引きが強い魚がヒットしたとき、リールを巻きながらロッドを前方に倒しては引き起こし……を繰り返すポンピングを多用しがちになるが、この場合もできるいだけラインテンションを緩めず行なうことだ。一瞬でもラインテンションが緩んだとき、魚が頭を振ればジグの重みでフックが外れてしまう。またロッドを前方まで倒したときに強い引きにあうと必要以上にラインを引き出されてしまう。その先に沈み根などがあった場合は、ラインやリーダーを擦られて、抵抗もなくラインブレイクということになってしまう。とにかくロッド角度、ラインテンションを一定に保ったままでのファイトが鉄則。特にタチウオが掛かった場合はポンピング厳禁だ。

そこで、どうしてもポンピングする必要に迫られたときはロッドを立てた状態から少しだけ倒して引き寄せるか、ロッドを立てたままの状態で屈伸運動のように身体の上下動を使ってポンピングすればよい。これならロッドの弾力が生かせる角度をキープしたままなので、瞬間的に魚に走られても対処しやすい。

もしもタックルパワーを上回る魚がヒットした場合は、魚と綱引き状態にはしないこと。魚が走る方向にロッドを

真正面から抜かず、左右どちらかに回しながら抜き上げるのが基本。真正面から抜くとロッドが折れてしまうことがある

回したり、もしくは足場の移動が可能なら魚の進行方向に先回りして、魚の前方から引っ張るようにすると軽い力で引き寄せることができる。

　魚を足下に浮かせたら、ロッドを下げながらラインを巻き取って一気に防波堤上に抜き上げてしまう。自分の真正面に抜くのではなく左右どちらか横向きに抜き上げるのがコツ。真正面に抜くと魚が大きい場合はロッドを折ってしまう最悪の事態になることもある。

　使用タックルにもよるが、もちろん抜き上げの限界はある。ライトショアジギングなら50cmクラスのハマチ、スーパーライトでは40cmクラスまでだ。それ以上の型の魚は無理せずネットですくおう。この場合も仲間もしくは近隣の釣り人にお願いするほうが無難だ。ネットで魚を追い回すのではなく、海面でスタンバイしたネットに向かって魚の頭から引き入れ、ネット上に魚が来た瞬間にラインを緩めれば魚は勝手に入ってくれる。

　メタルジグを含めてルアーにはトレブルフック、アシストフックなどハリ数が多いので、魚を誘導する際は、くれぐれもネットにフックを引っ掛けないように。フックが絡むと、それだけで魚が外れて逃げられてしまう残念な結果になる。

大きめの魚を抜き上げるときは
真正面から抜くとロッドが折れることがある。
左右どちらかに回しながら抜くのが安全だ

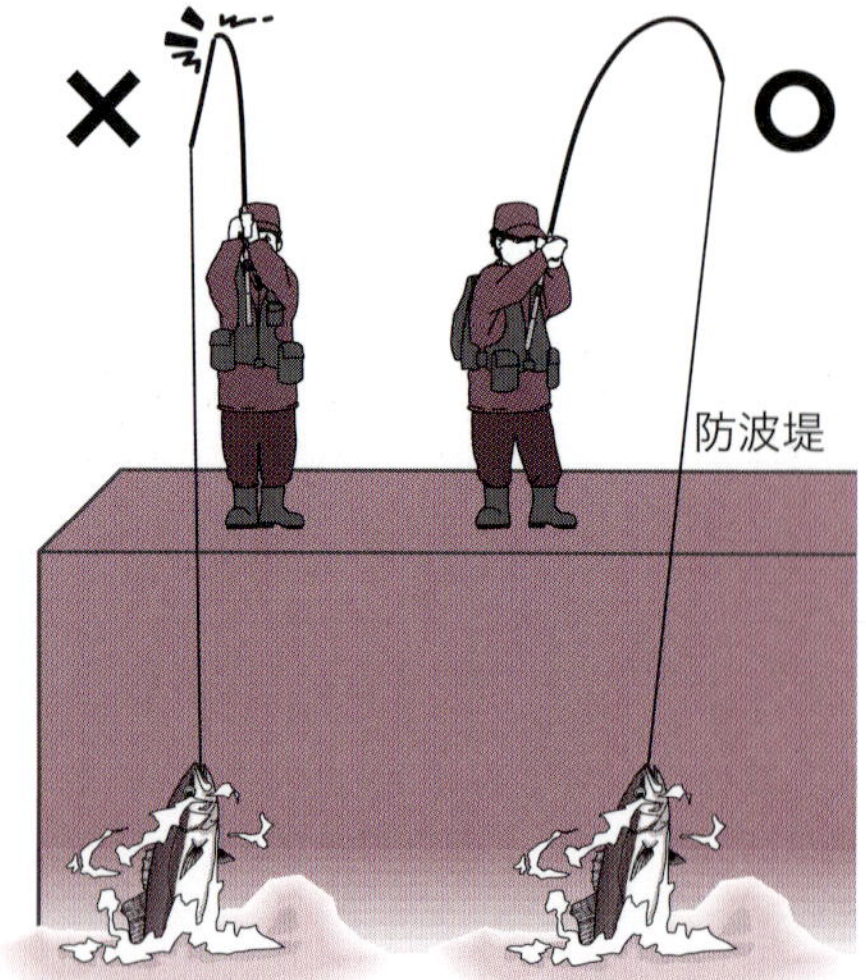

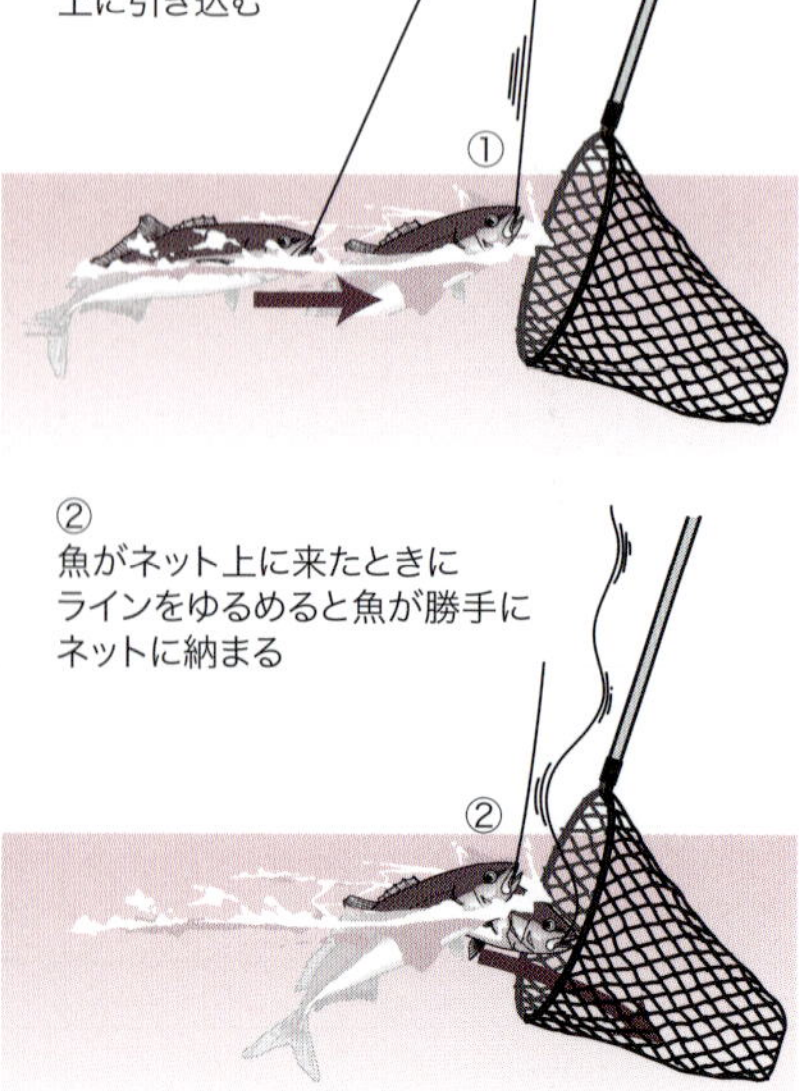

①
ネットで追い回すのではなく
海面下でスタンバイしたネットの
上に引き込む

②
魚がネット上に来たときに
ラインをゆるめると魚が勝手に
ネットに納まる

section3

各種ノット結びをマスターしよう

ショアジギングに限らず、ルアーフィッシングで敷居が高い部分がノットすなわちイトの結びだろう。ライン、リーダーの強度を生かすために、美しく確実に結べるようになろう。「考えるよりも慣れろ」なのだ！

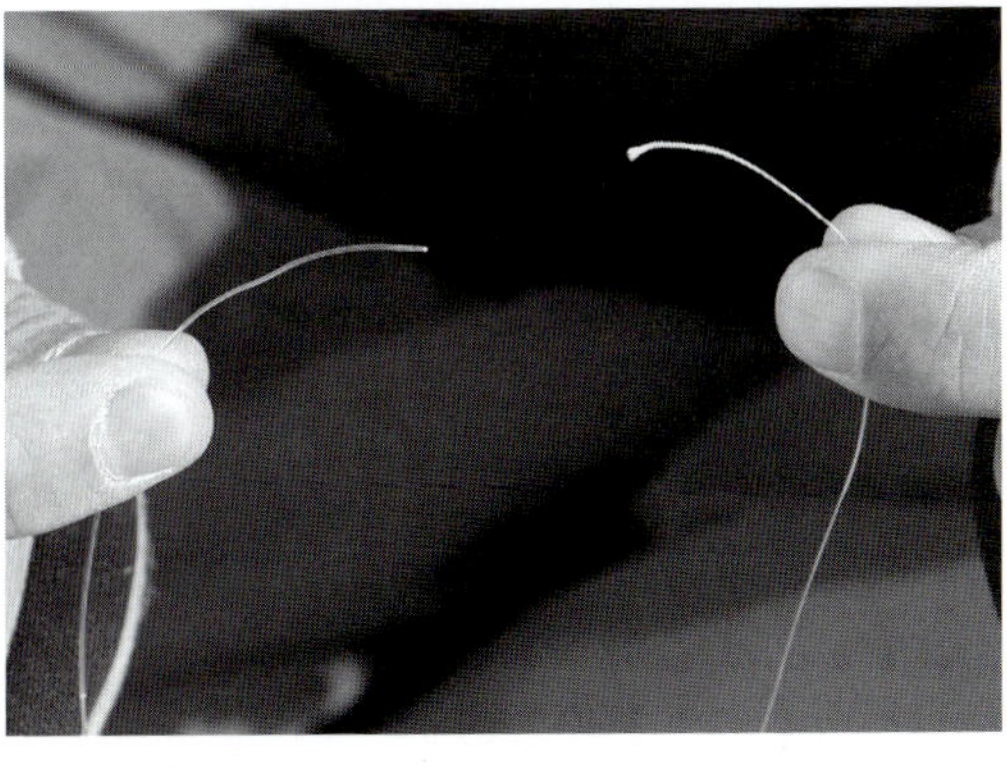

PEラインとリーダーの接続は面倒だが……

ライトショアジギングに限らず、PEラインを使用する釣りではリーダーとライン、いわゆるハリスとミチイトとの接続にラインシステムと呼ばれる独特で手間がかかる結節方法を採用するのが一般的だ。

これらのラインシステムの多くは「摩擦《まさつ》系ノット」と呼ばれ、ただ単にイト同士を結び合わせるのではなく、フロロカーボン素材などの太いリーダー上に細いPEラインを回数多く巻き付けたり編み込んだりして、その表面に発生する摩擦力によって両方のイトが抜けないようにする方法だ。なぜ普通に結べないかというと、細いPEラインと太いリーダーの直径差が大きいこと、さらにはそれぞれの素材の性質がまるで違うためで、ナイロンやフロロカーボン同士のように普通に結ぶと、結び目で抜けたり食い込んで切れてしまったりと、全く強度が出ないからだ。そこで結び目ではなく、摩擦力を利用して性質の違うイト同士の強度を殺すことなく結節するのである。

回遊する青ものゲットは時間との勝負。ライントラブルで結び替えに手間どっていてはチャンスをモノにできない

本書では代表的な摩擦系ノットとしてFGノットの基本的な手順以外にも、強度的にはやや劣るが釣り場でスピーディーに結べる電車結び、専用のボビンなど器具を用いて比較的簡単に摩擦系ノットが完成させられるPRノットを紹介する。リーダーとメタルジグの結びに関してはユニノットという方法を覚えておけば問題ない。

●フィールドで最速！電車結び

摩擦系ノットではなく古くからあるイト同士の結節方法。FG ノットなどにくらべて強度的には劣るが、何より簡単で時間をかけずに結べるのが電車結び。ブリクラスの大型をねらうのではない限り、この方法でも充分だ。コツは PE ラインの巻き数を多めにしておくこと。さらに PE の余りイトを編み付ければ強度が増す。

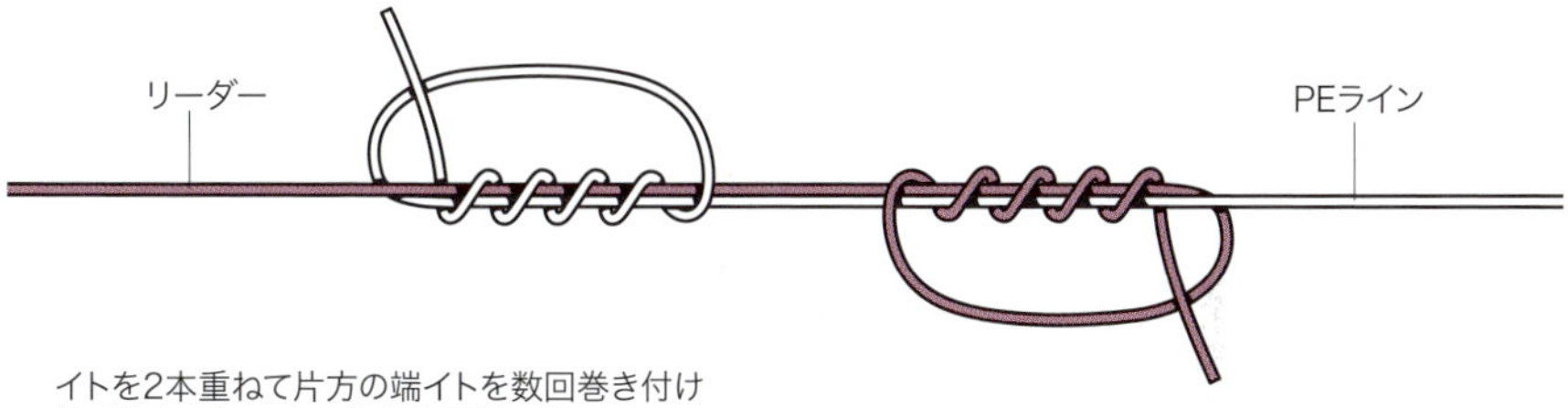

イトを2本重ねて片方の端イトを数回巻き付け
軽く締めてから、もう片方も同様に巻く

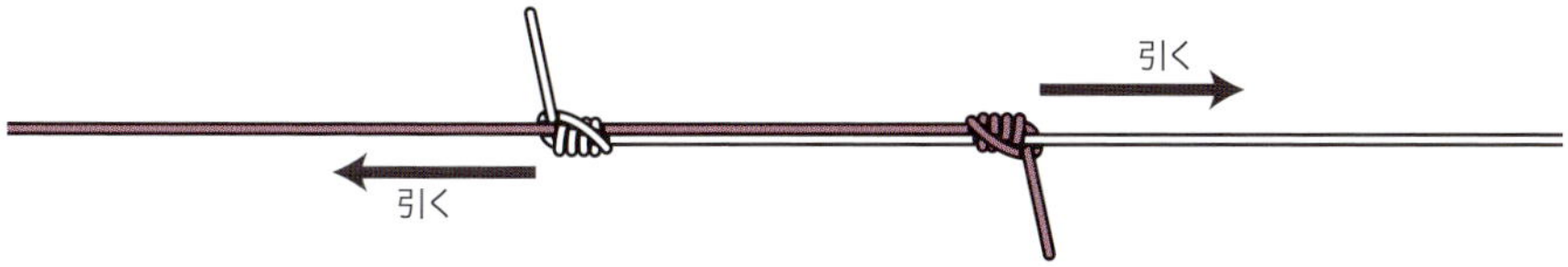

それぞれの結び目を先に緩く締めてから両方の
イトを引いて結び目をスライドさせくっ付ける

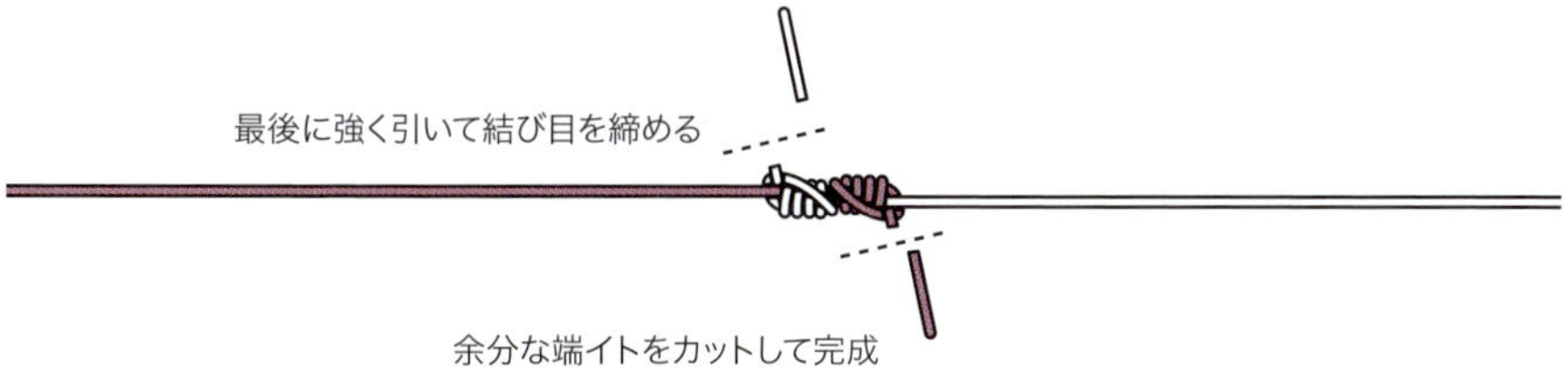

PEラインの端を長くしておきリーダーに
ハーフヒッチを10回ほどしておけば強度がアップする

●ボビン使用でスピーディーに！ PR ノット

専用のボビンを使用することで、PE ラインをいちいち手作業でリーダーに巻き付けたり編み込んだりせずスピーディーに摩擦系ノットができる。現場で時間をあまりかけず強度的にも劣らない結節方法。仕上げにリーダーの端をライターで軽くあぶり小さい焼きコブを作っておけば完璧だ。

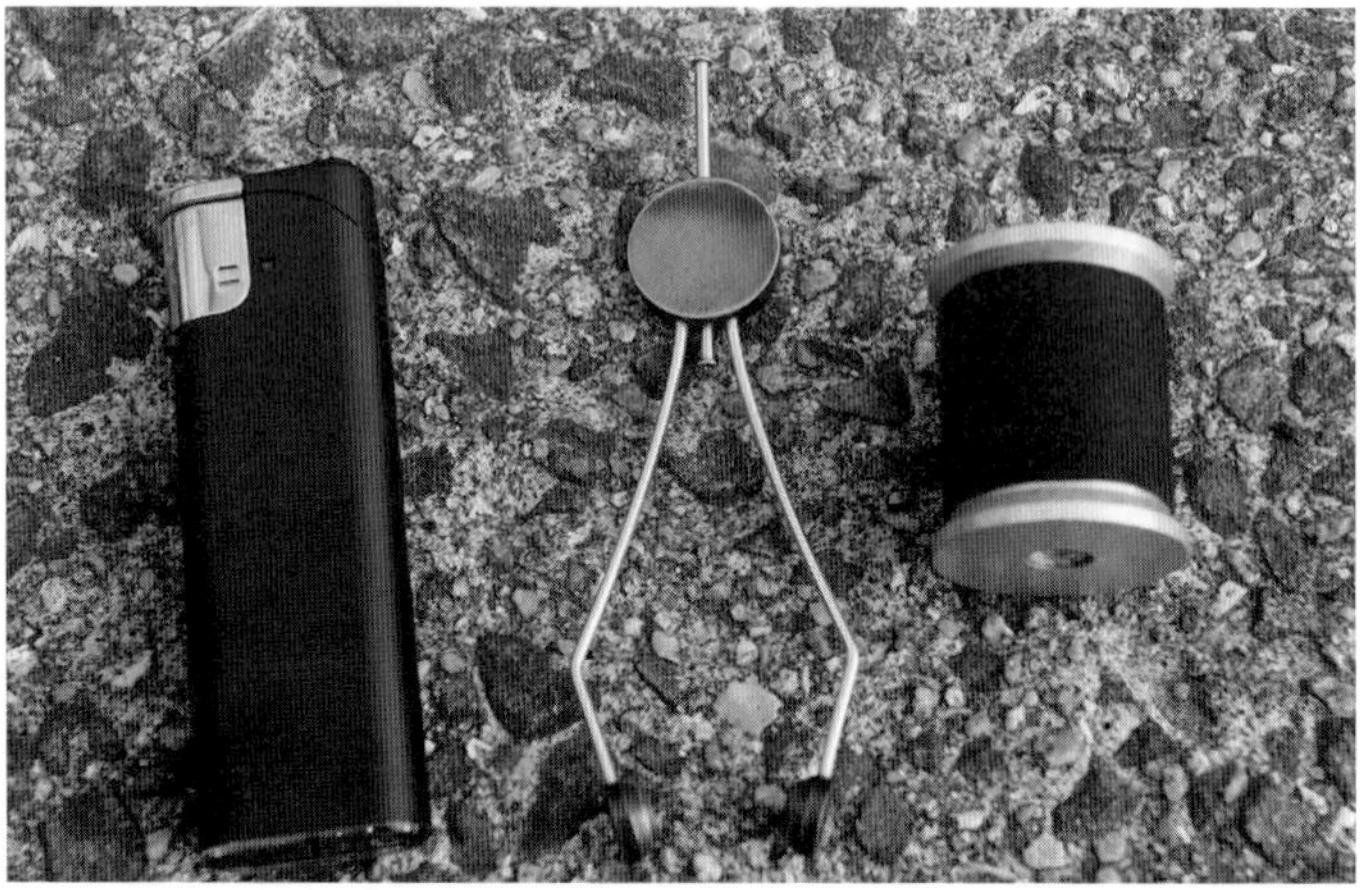

PR ノットには専用のボビン、器具が必要。リーダーの端の処理にはターボライターが風に強く便利

①

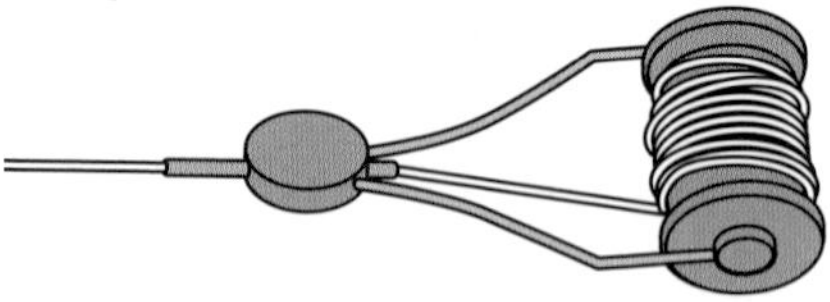

PE ラインを通して専用ボビンに 20 ～ 25 回ほど巻き付ける

②

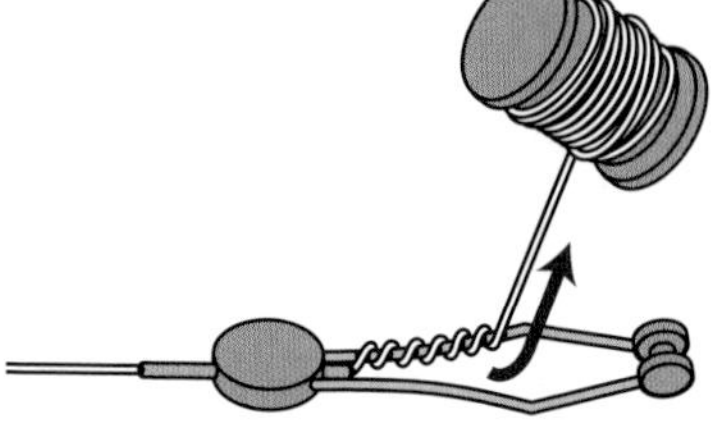

ボビンを外しアームに PE ラインを 5 ～ 8 回巻き付ける

③

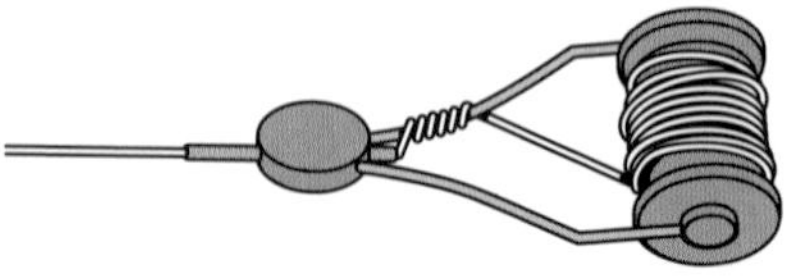

ボビンを再びセットしラインのタルミを取る

④

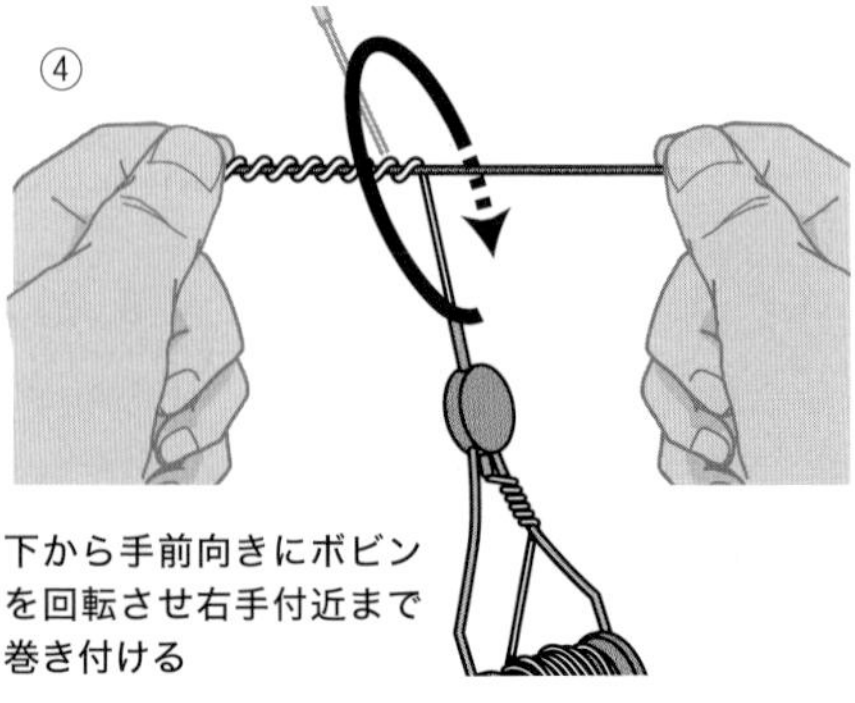

下から手前向きにボビンを回転させ右手付近まで巻き付ける

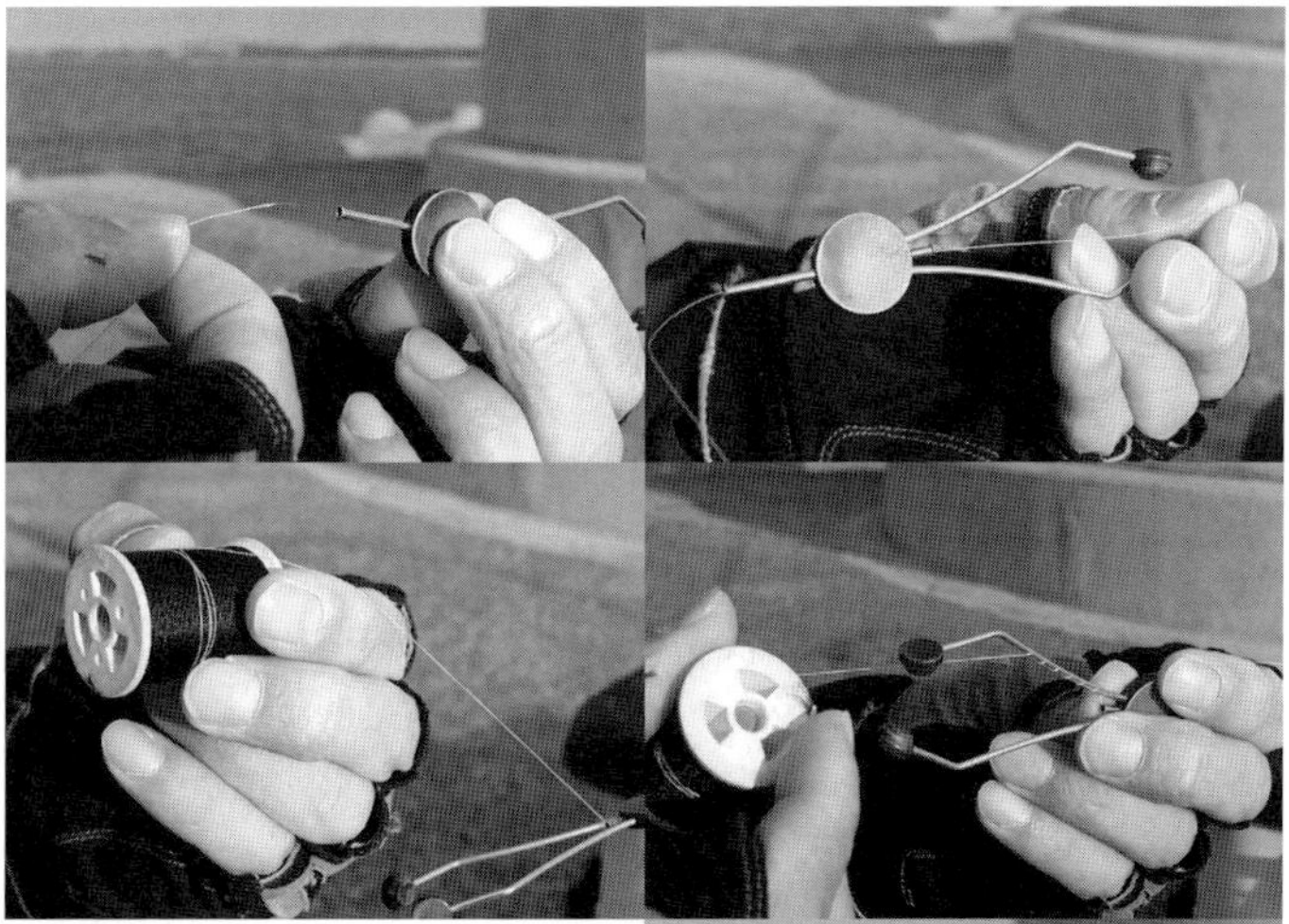

PR ノット用のボビン、器具にはさまざまなものが市販されているので、それぞれの使用方法をよく理解して作業しよう

⑤

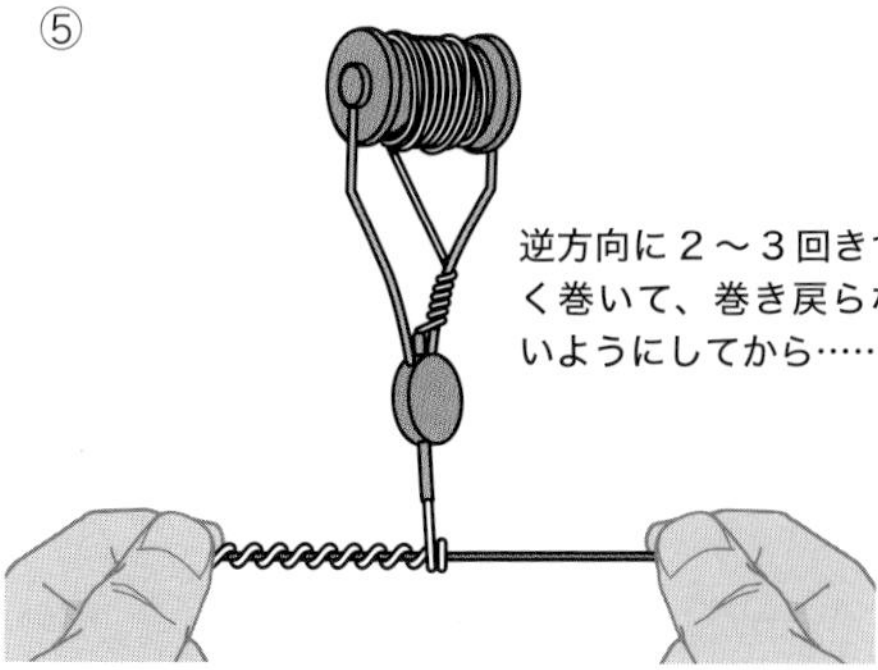

逆方向に２～３回きつく巻いて、巻き戻らないようにしてから……

⑥

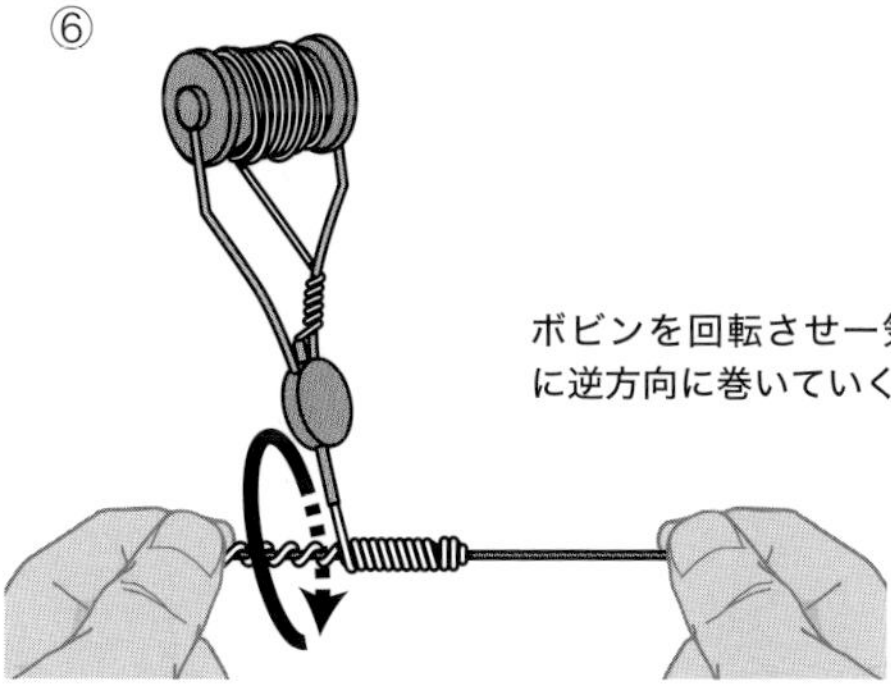

ボビンを回転させ一気に逆方向に巻いていく

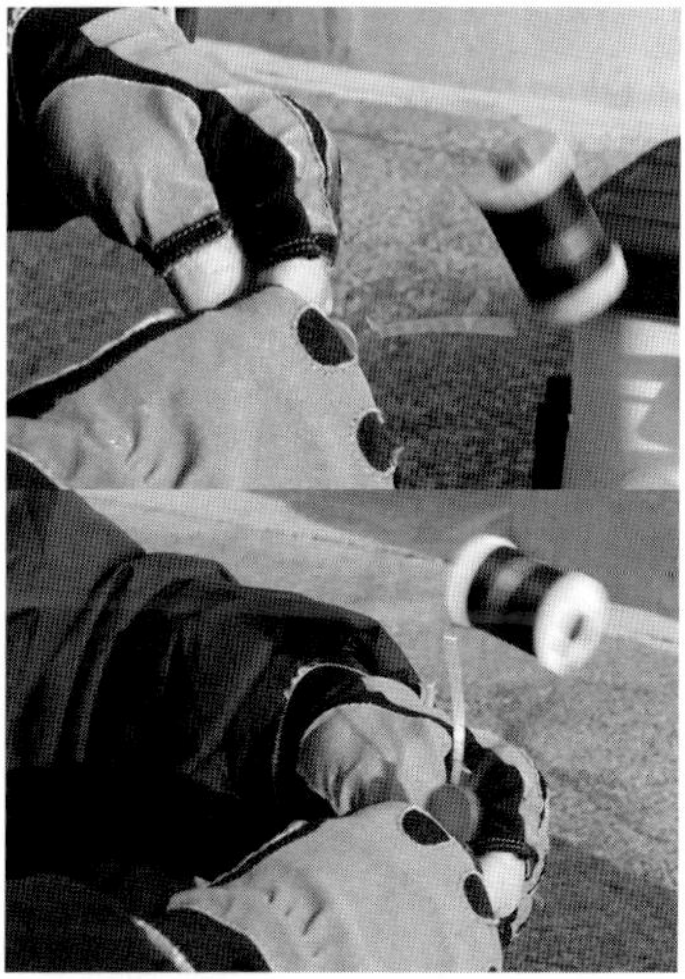

PE ラインを器具に通してボビンセットしたら、ぐるぐる回してリーダー上にラインを一気に巻き付ける

⑦　ボビンに巻いていたPEラインを解いてからハーフヒッチ開始

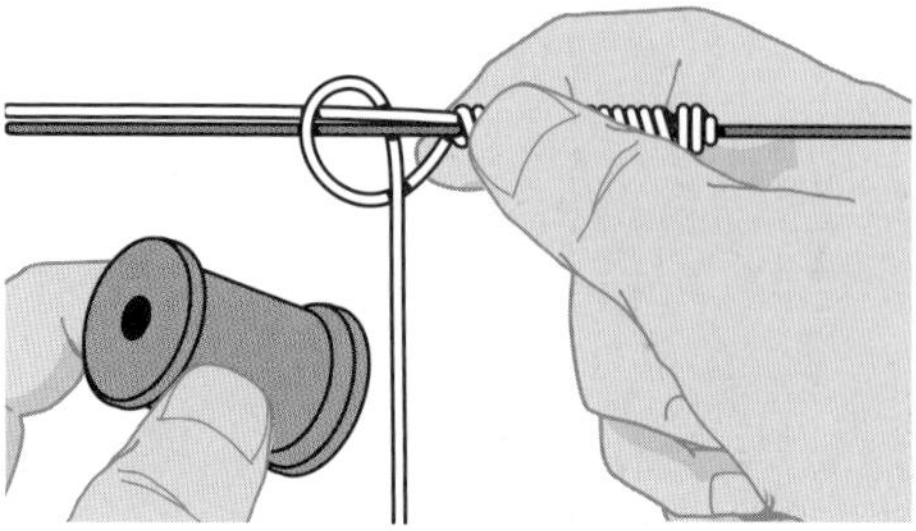

⑧　ハーフヒッチを10回ぐらい繰り返す

⑨　余分なリーダーをカット

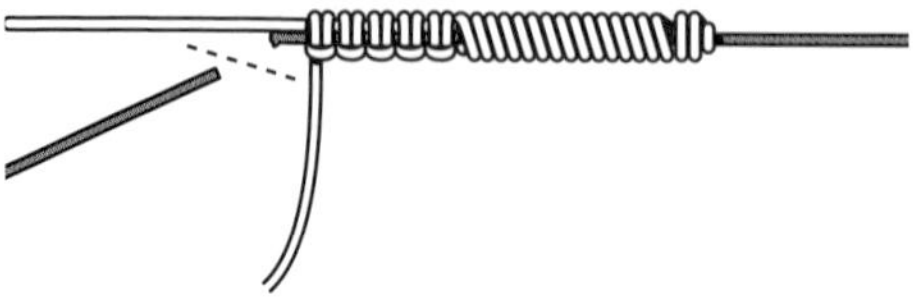

⑩　PEライン上だけにハーフヒッチを数回繰り返し最後にきつく締め込む。右写真のように処理すれば完璧だ

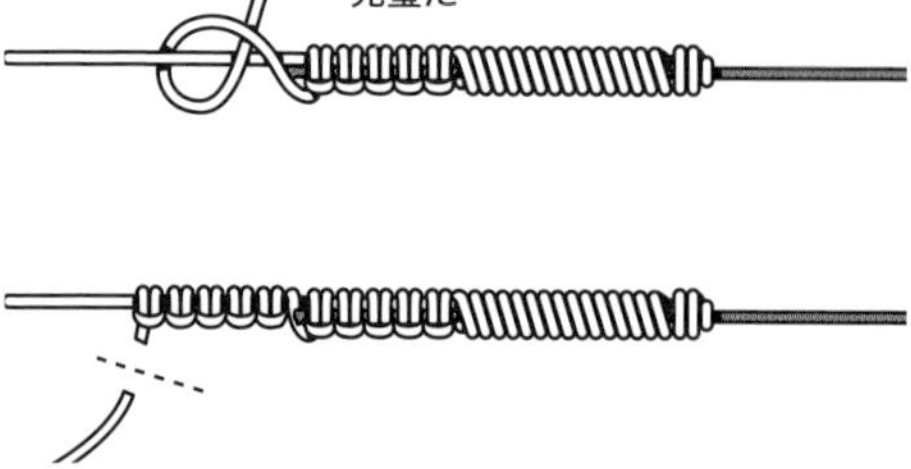

ボビンを外してPEラインをリーダーにハーフヒッチするとき合は端を口でくわえて作業すると結び目が緩みにくい

リーダーの端を短くカットしたら編み込みが抜けないようにライターの火で軽くあぶってコブを作る

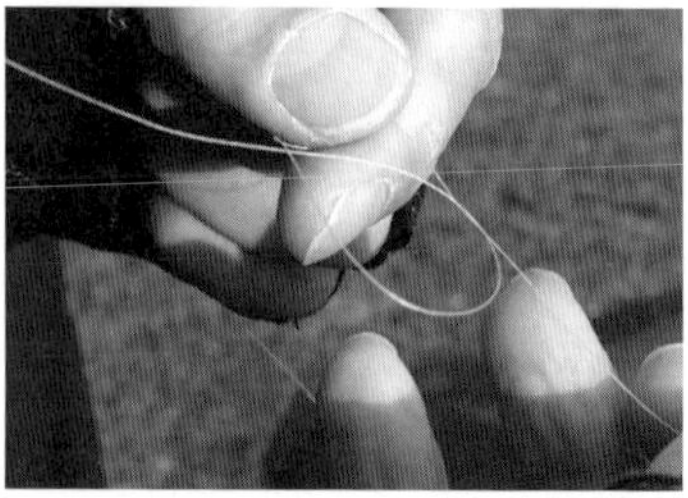

PE上だけに行なうハーフヒッチの最後は輪の中に2回くぐらせ抜けないように締め付けておくこと

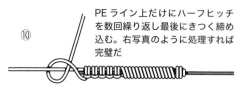

●ラインシステムの定番！ FGノット

強度面で非常に信頼度が高いFGノットだが手作業でスムーズに行なえるようになるまでは慣れが必要。頭で考えなくても手が勝手に動く「手クセ」の状態になるまで練習しておけば釣り場でも難なく結べるようになる。

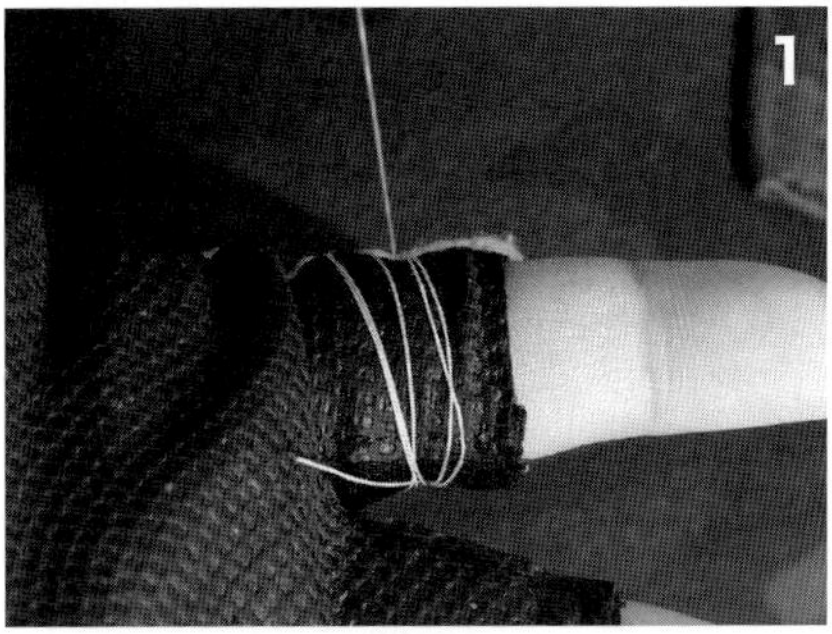

PEラインの端を小指の付け根付近に数回巻き付ける

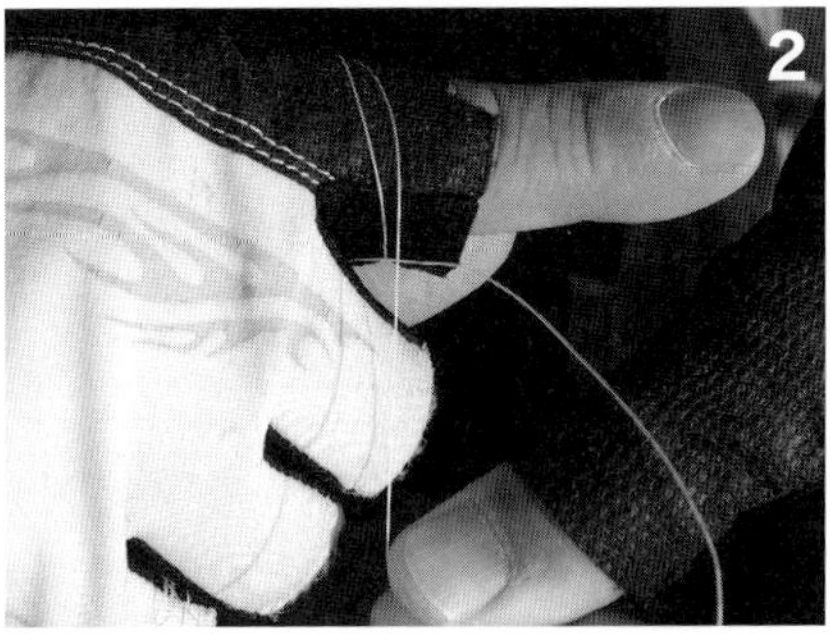

人差し指の付け根付近にも数回巻き付ける

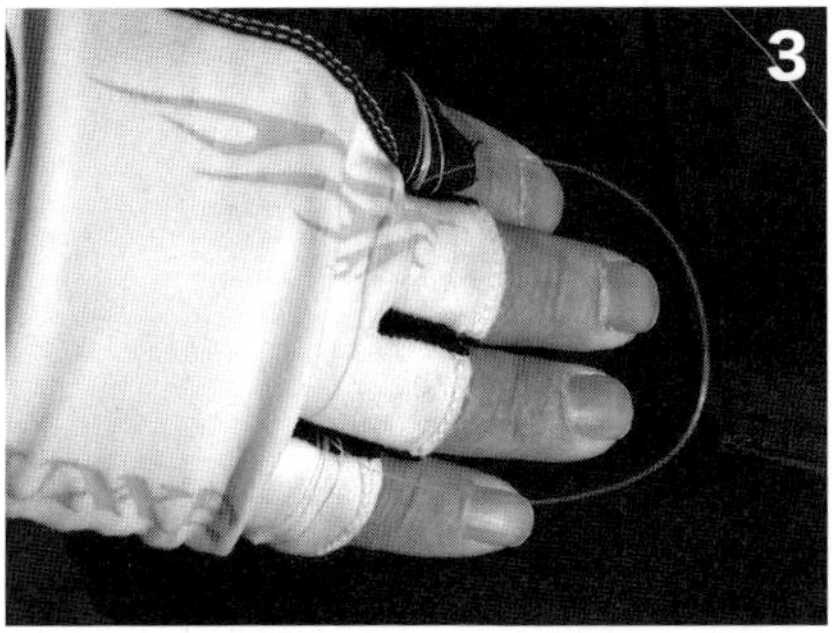

人差し指と小指の手の甲側に写真程度のPEラインのフクロを作る

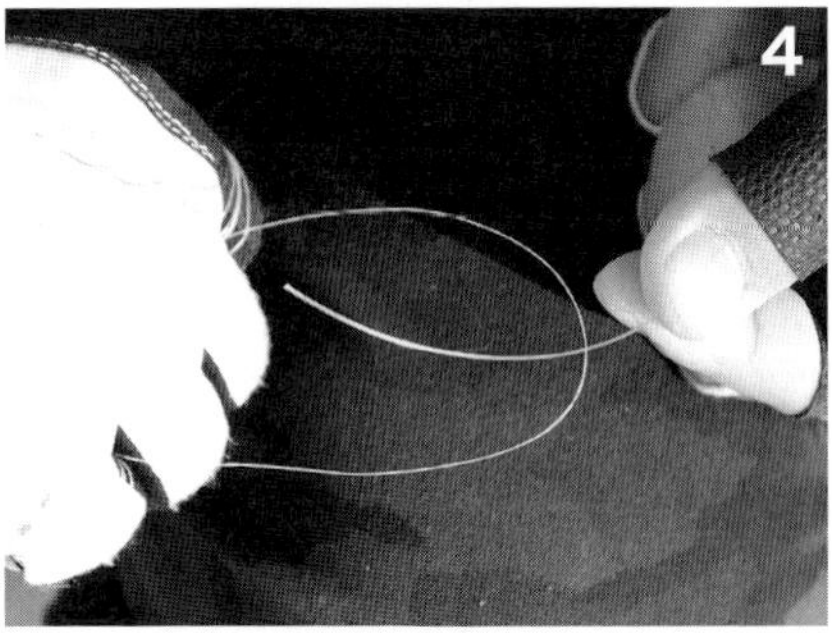

フクロの下側からリーダーの端を入れる（手の甲が上、手のひら側が下になっているようにすること）

自分から見た状態

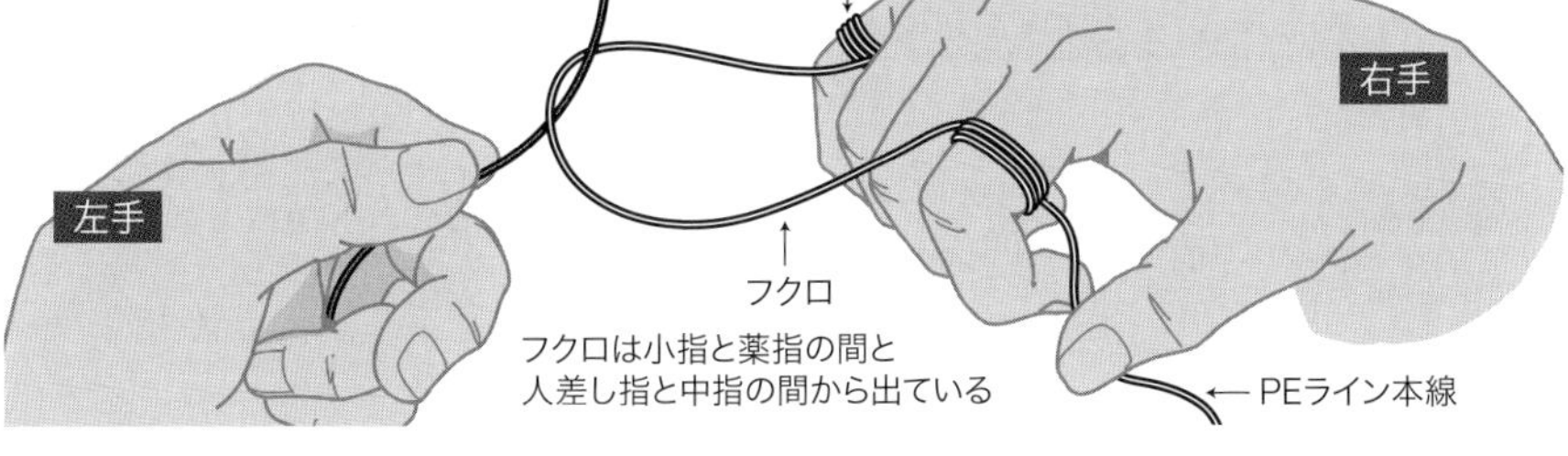

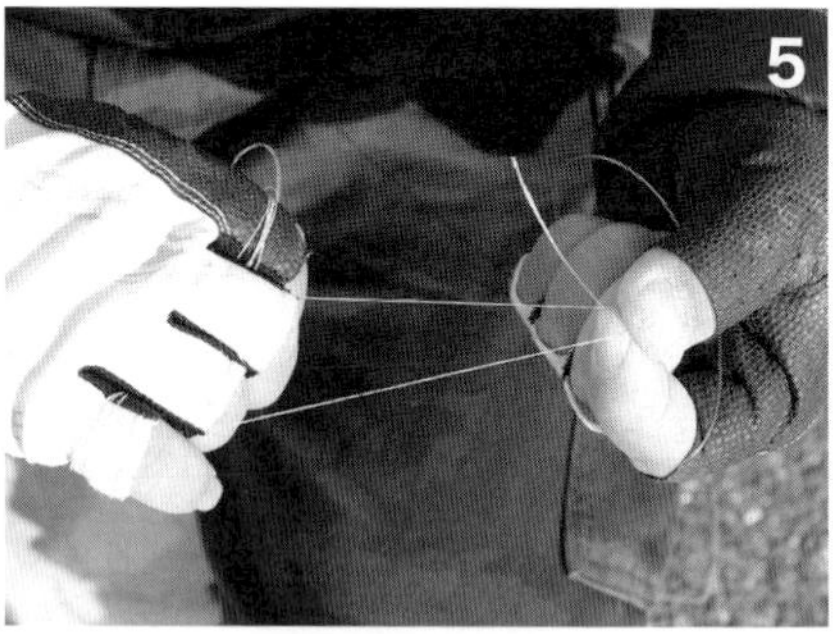

リーダーをフクロの下から通して上に突き上げ、フクロとリーダーが交わる部分をしっかりつまむ

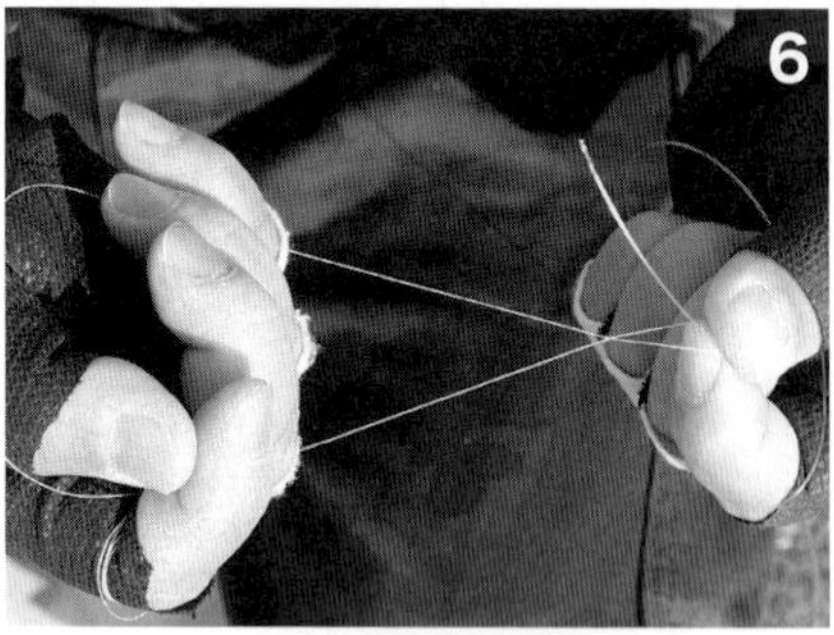

フクロを作っている側の手を半回転、手の甲が下になるようにして、フクロをクロスさせる

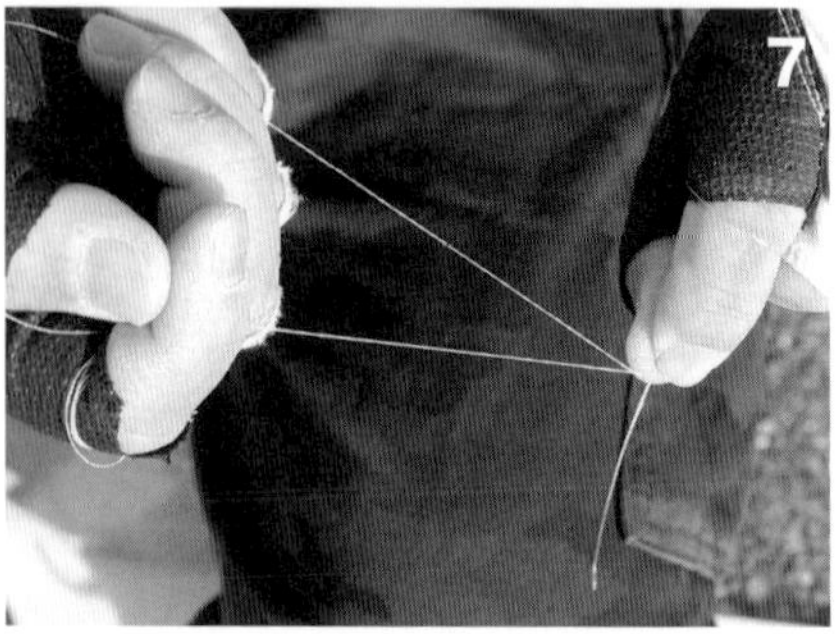

フクロが交差した部分にリーダーを上から下に入れる。このようにしてPEラインをリーダーに編み付けていく

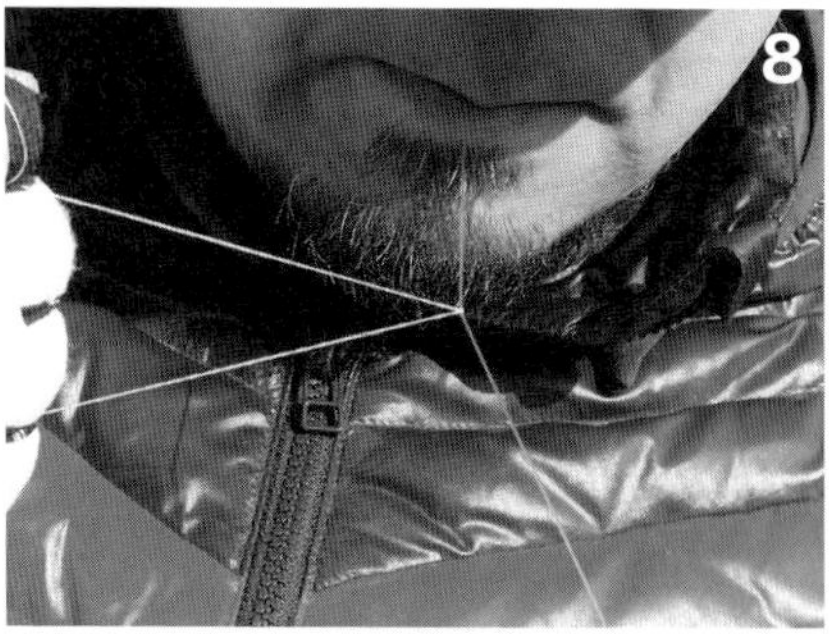

もう一度手を半回転させ、リーダーを下から上に向けて通したら、リーダーの端を口で引っ張りながら、PEラインの編み付け部分を締める

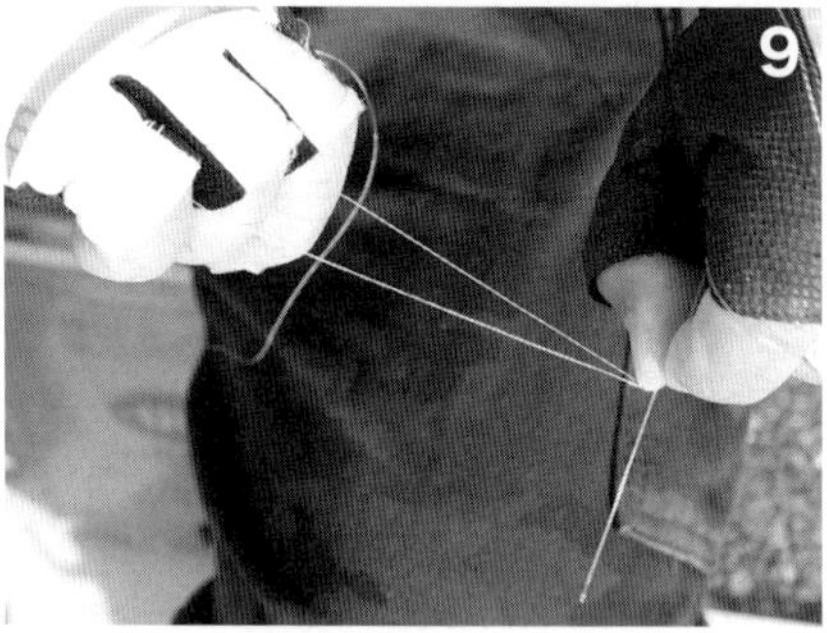

同様の作業を進めていく。手を半回転させる

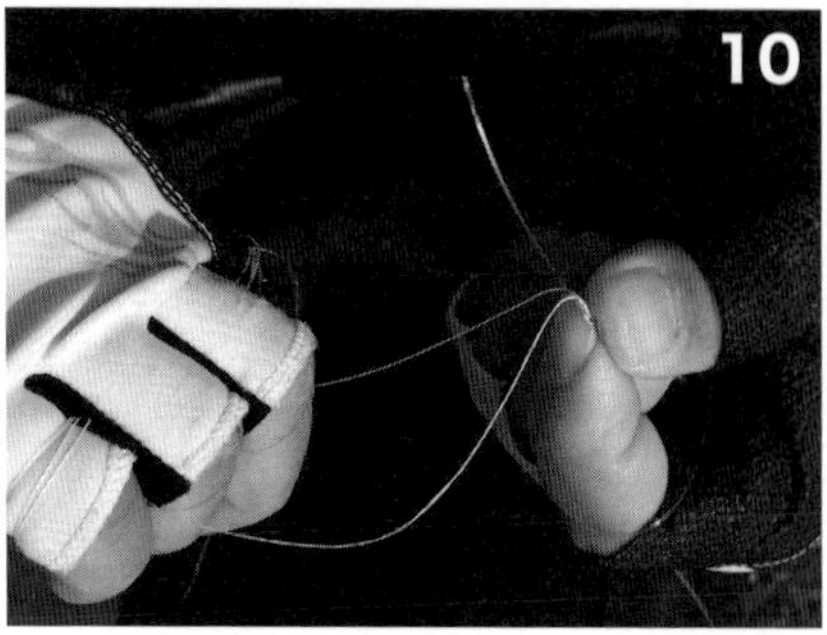

リーダーを下から上へ通す。手のひら側から手の甲側に向けてリーダーを通すスタイルを手に覚え込ませること

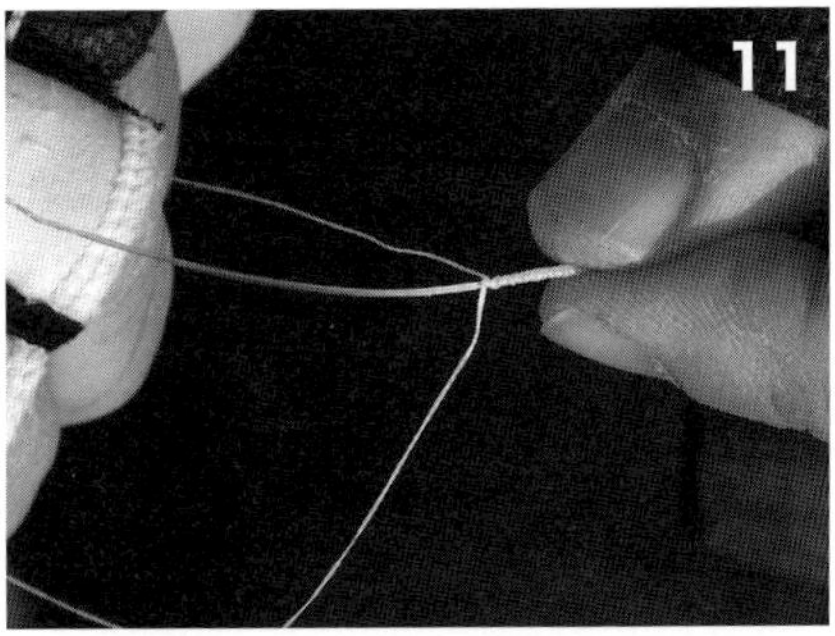

この作業を上下ワンセットで 20 回繰り返す。途中、ワンセットの作業ごとに編み付け部の締め込みを忘れずに

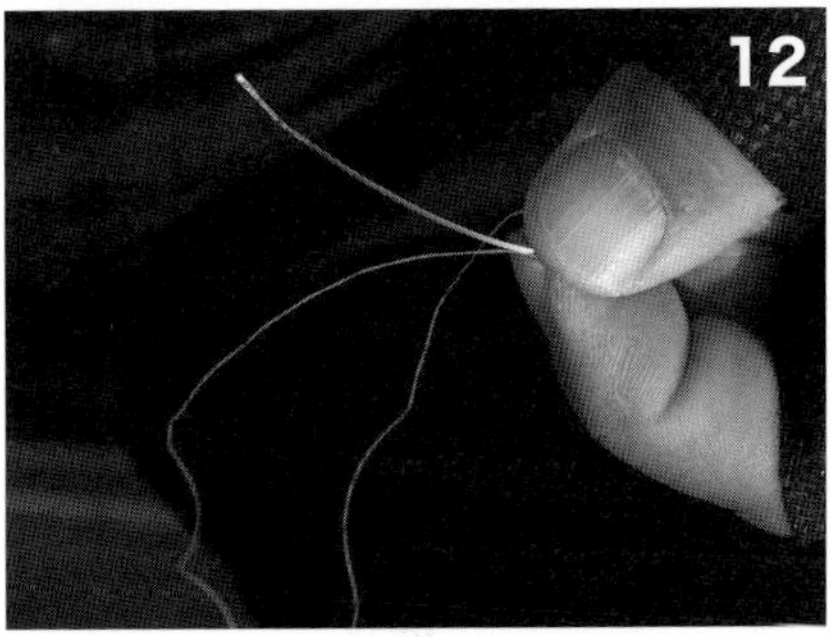

小指と人差し指に巻き付けていた PE ラインをほどき、編み付けた部分がほどけないようにしっかり押さえる

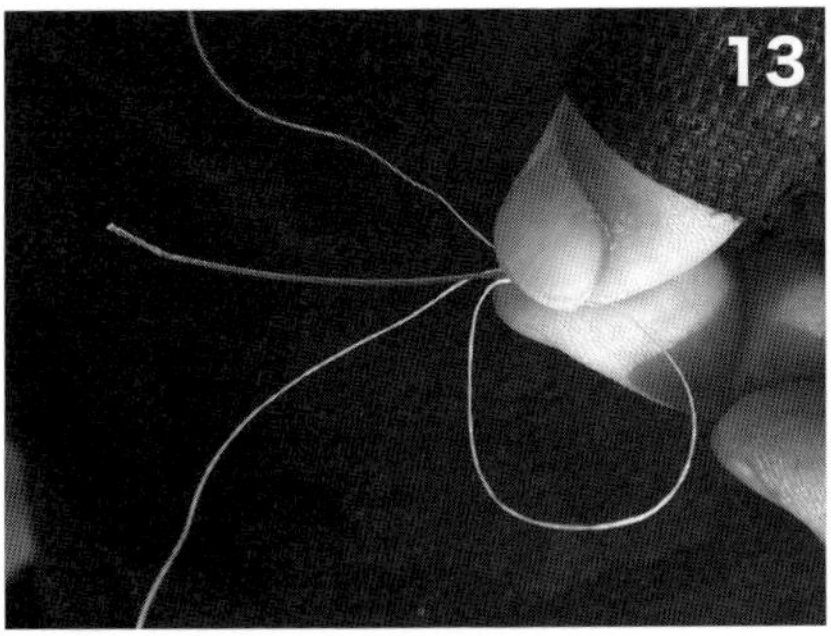

PE ラインの端のほうで 1 回輪を作る

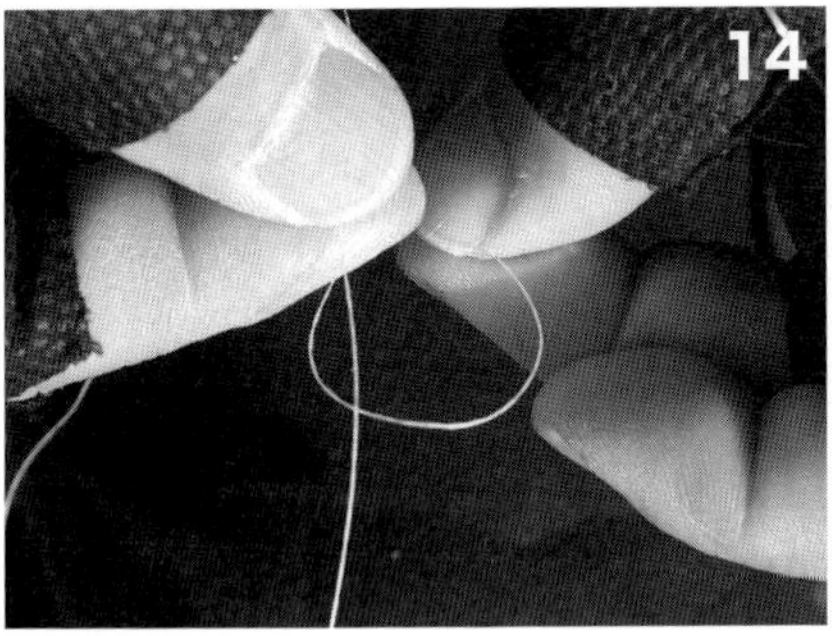

PE ラインの端を輪の中に通す

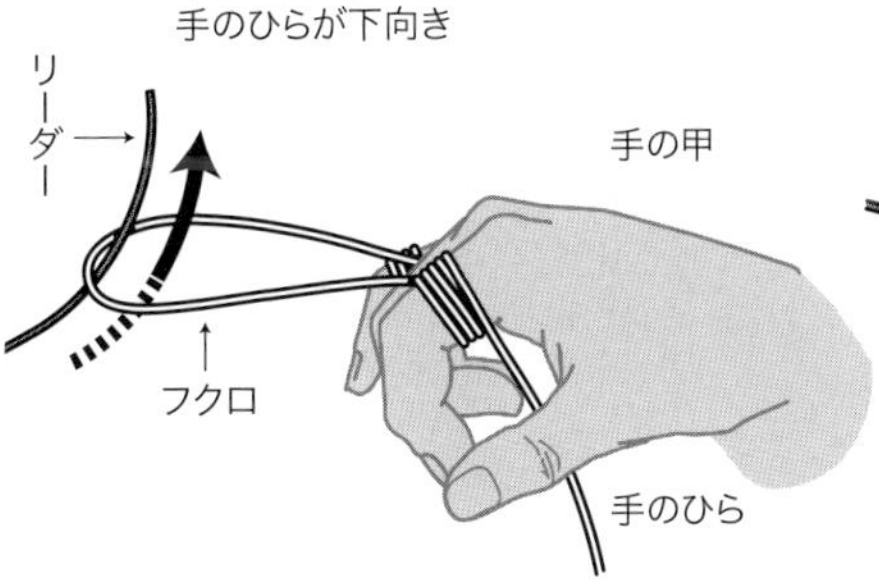

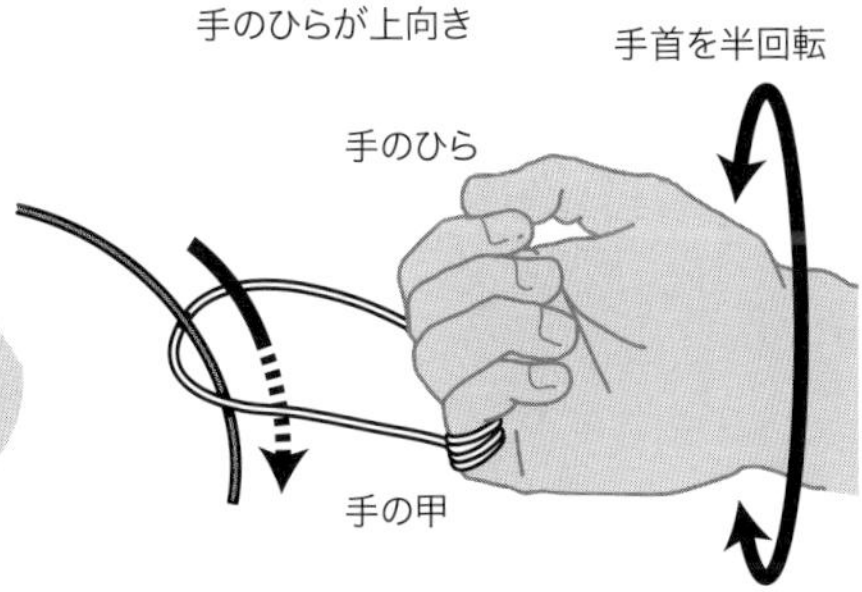

常に手のひら側から
リーダーを通すようにする

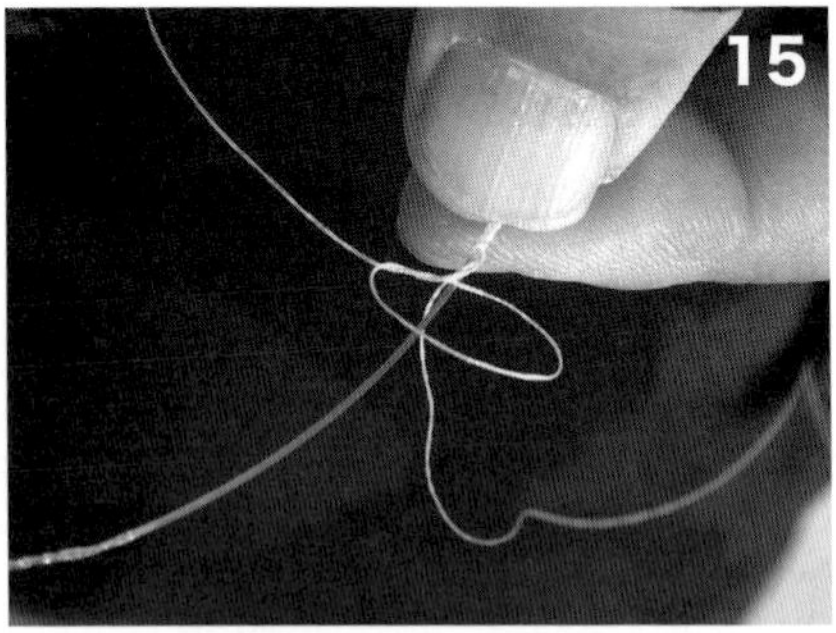
15

PE ラインの端をゆっくり引っ張る

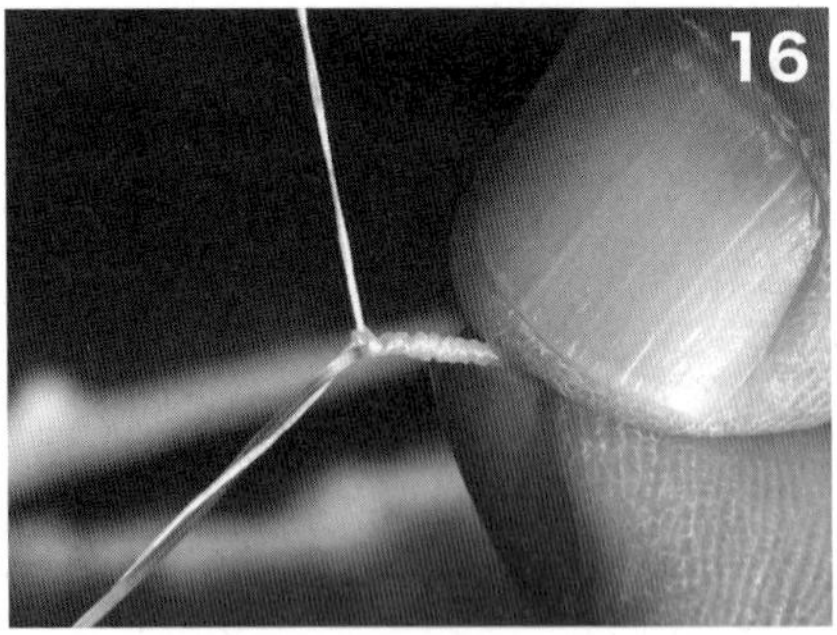
16

輪を締め込んで編み付け部分を仮止めしてしまう

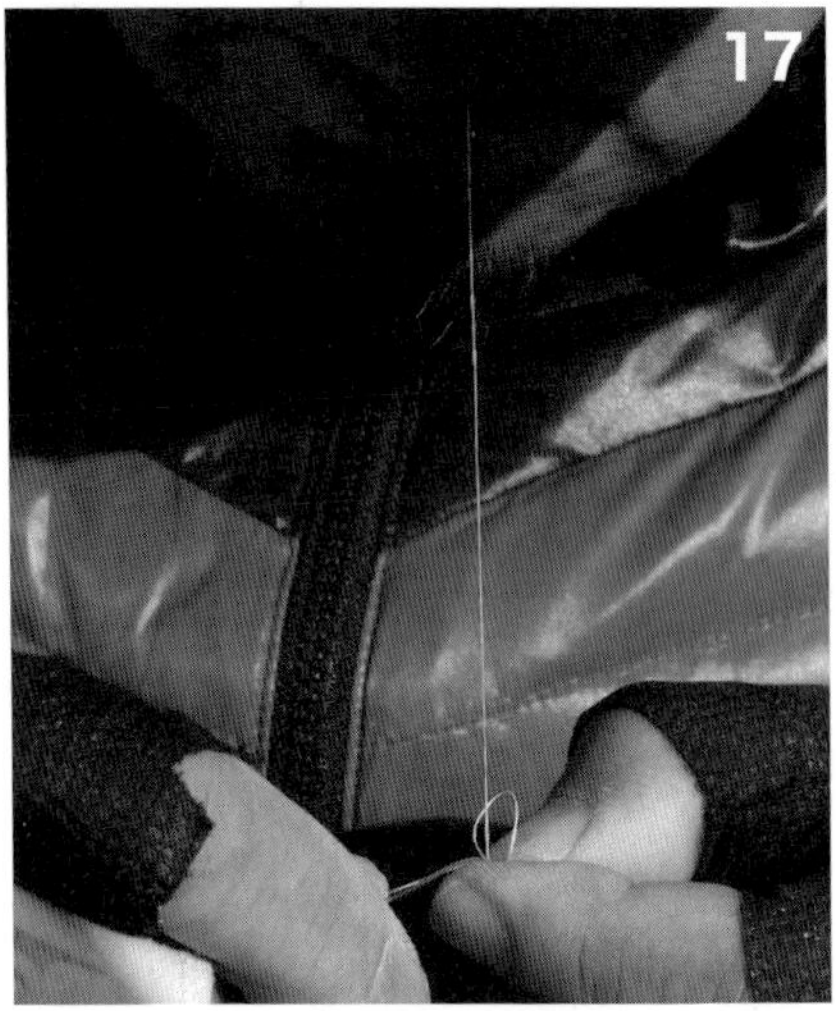
17

リーダー端イト、PE ライン本線上に、PE ライン端イトでハーフヒッチを 5 回繰り返す。1 回ごとに口を使ってきっちり締め込んでおくのがコツ

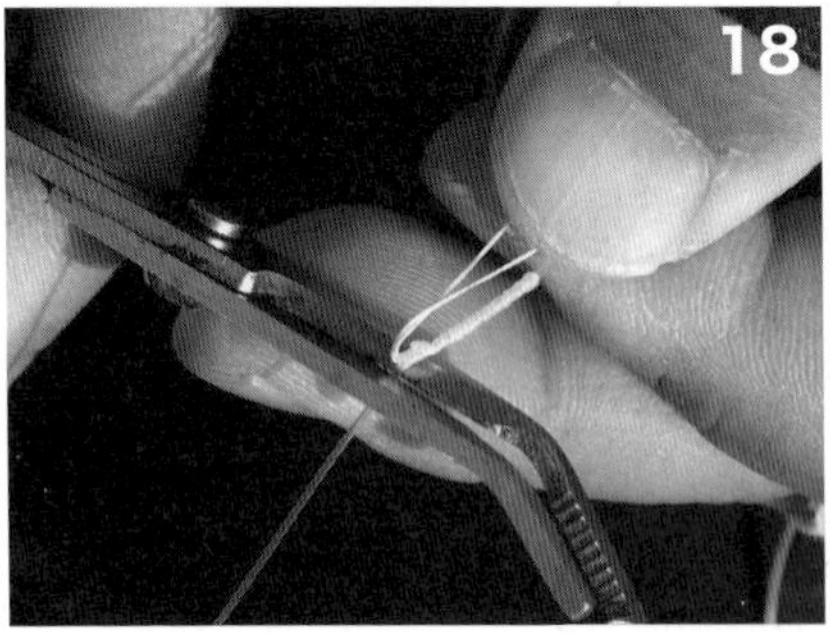
18

ハーフヒッチが終わったらリーダーの端イトを根元ギリギリでカットする

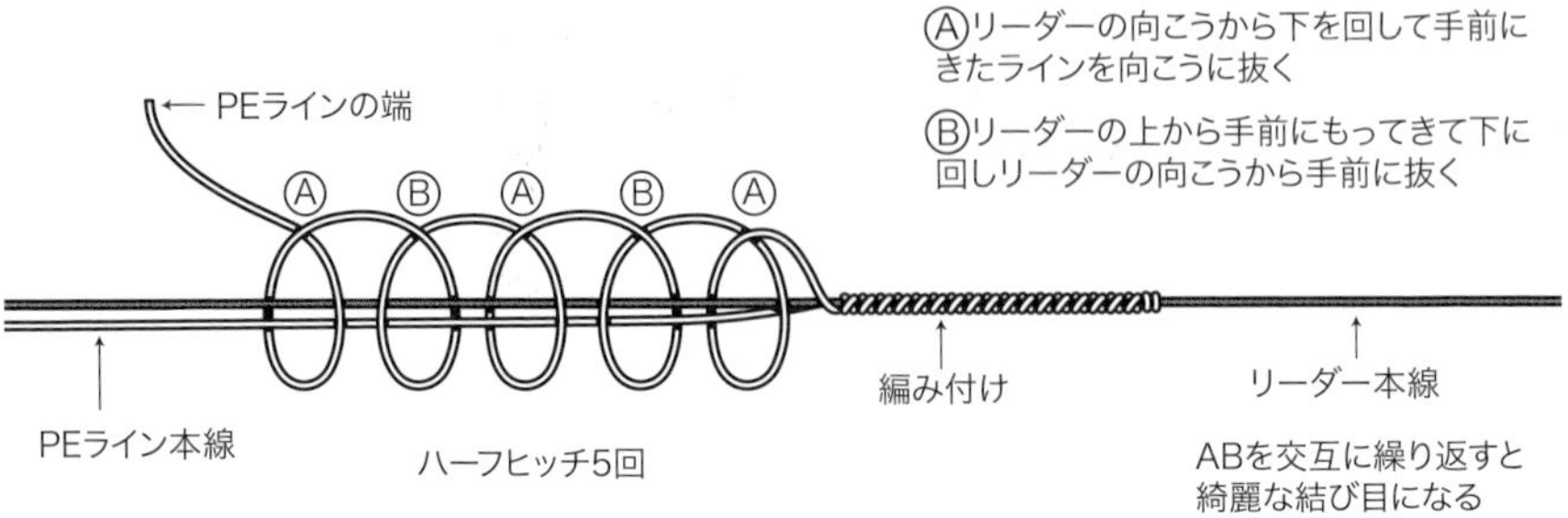
Ⓐリーダーの向こうから下を回して手前にきたラインを向こうに抜く
Ⓑリーダーの上から手前にもってきて下に回しリーダーの向こうから手前に抜く
← PEラインの端
Ⓐ Ⓑ Ⓐ Ⓑ Ⓐ
PEライン本線
ハーフヒッチ5回
編み付け
リーダー本線
ABを交互に繰り返すと綺麗な結び目になる

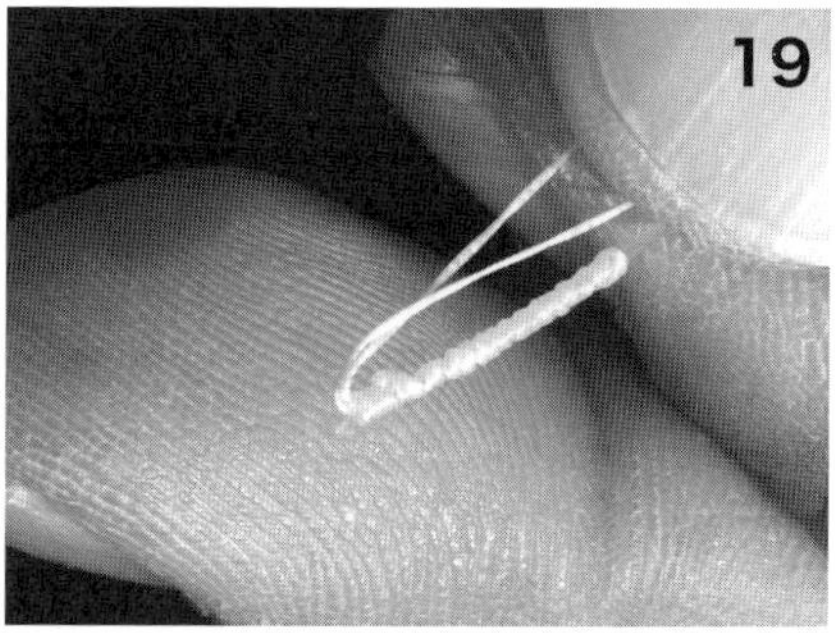

リーダーをギリギリでカットした状態。これで大丈夫

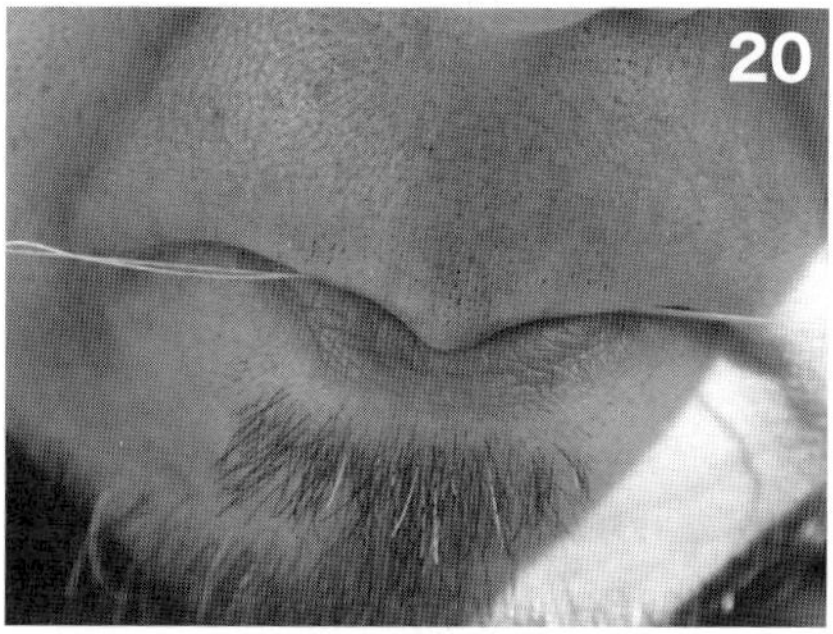

結び目の部分全体を唾液でしめらせる

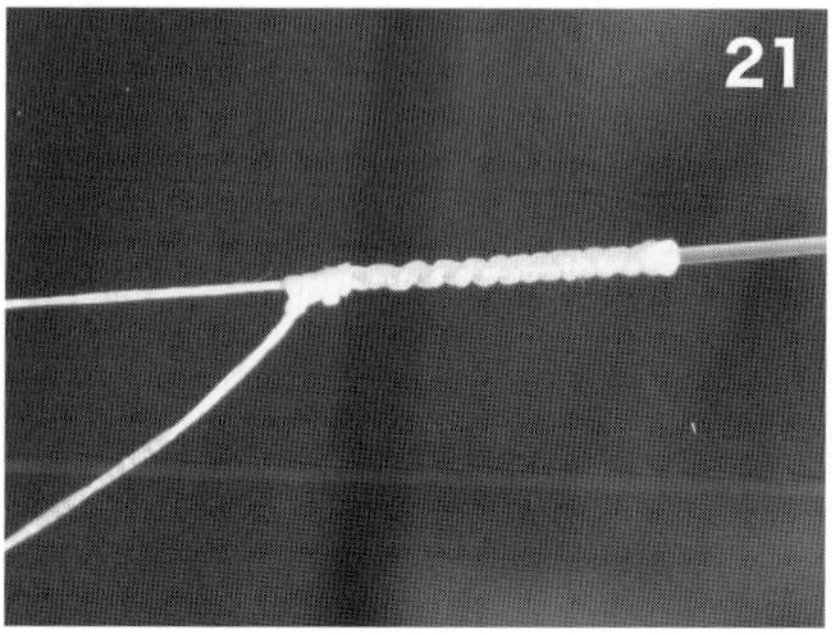

PE ラインとリーダーの両側から強く引っ張ると、ギリギリにカットしたリーダーの端がハーフヒッチでできた編み付けの中まで少しだけ後退する。これで出っ張りのない滑らかな結び目ができる

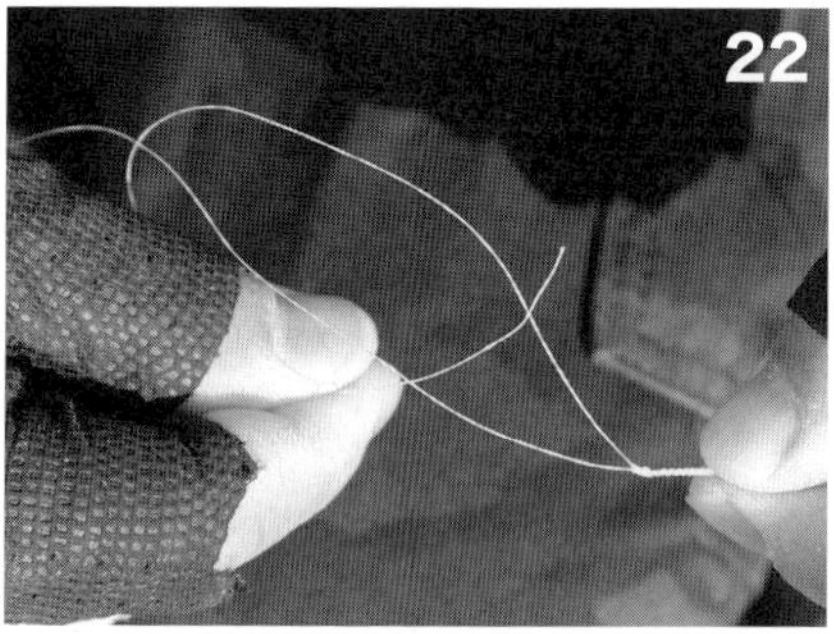

再度ハーフヒッチをスタート。ここからは PE ライン本線上に、PE ラインの端イトだけになる

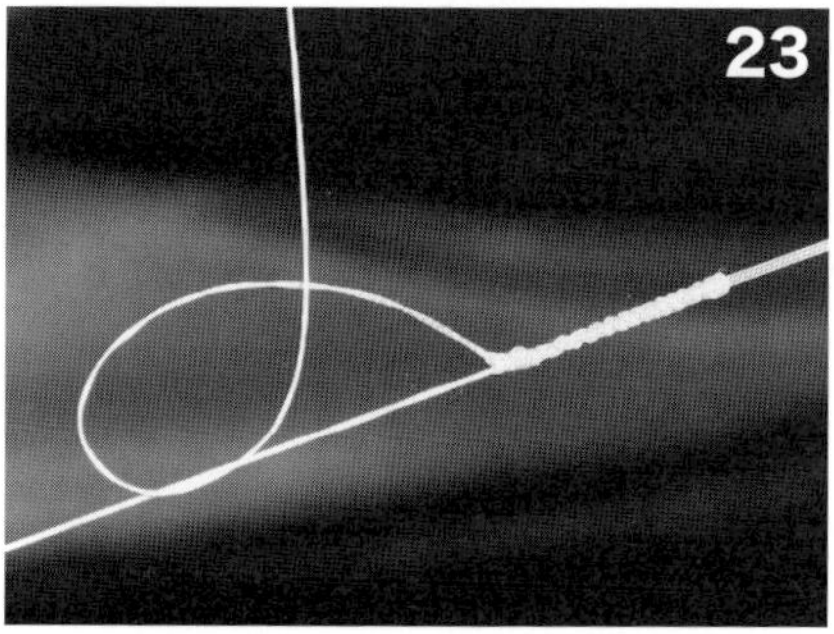

ライン本線とリーダーを持って、ゆっくりハーフヒッチの輪を締める

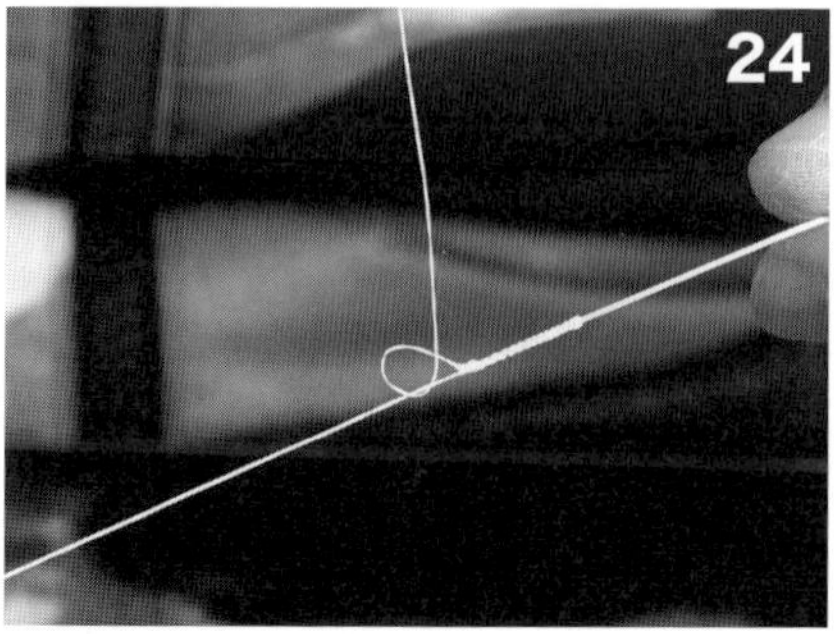

隙間ができないように、ハーフヒッチ 1 回ごとに、口を使ってきっちり締め込んでおくこと

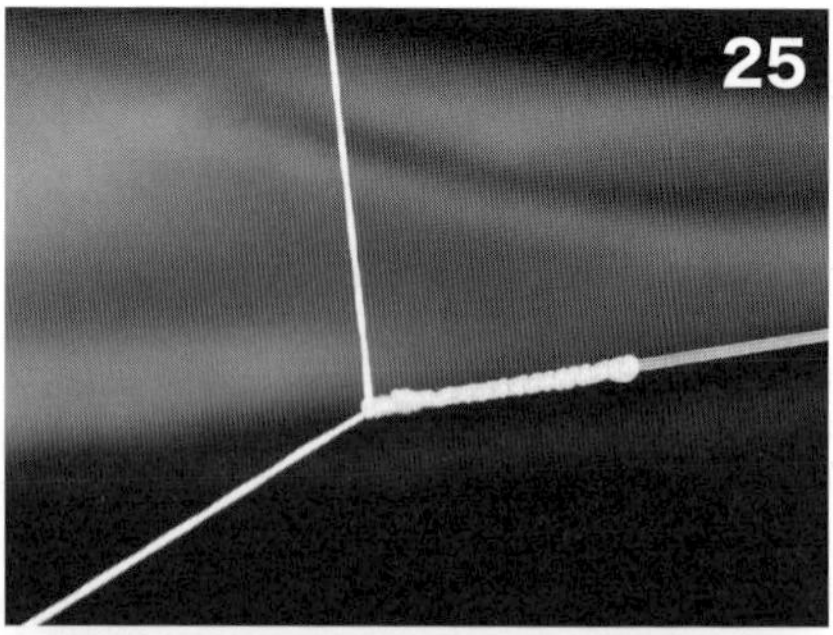

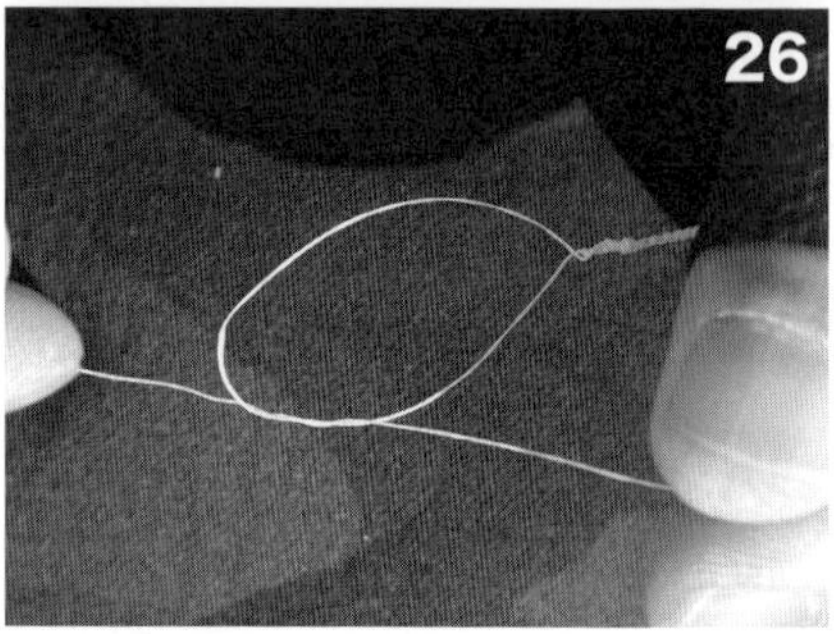

ハーフヒッチを5回繰り返したら、最後は輪を作ってその中にPEラインの端を2回通して、ほどけないようにする

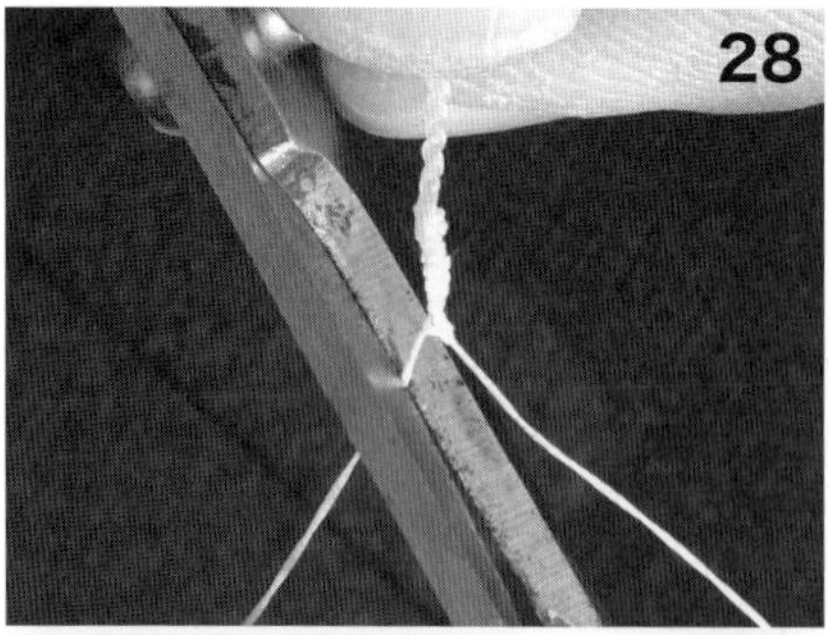

口を使って3方向からしっかり締め込んだら、PEラインの余りをカットしてFGノットの完成

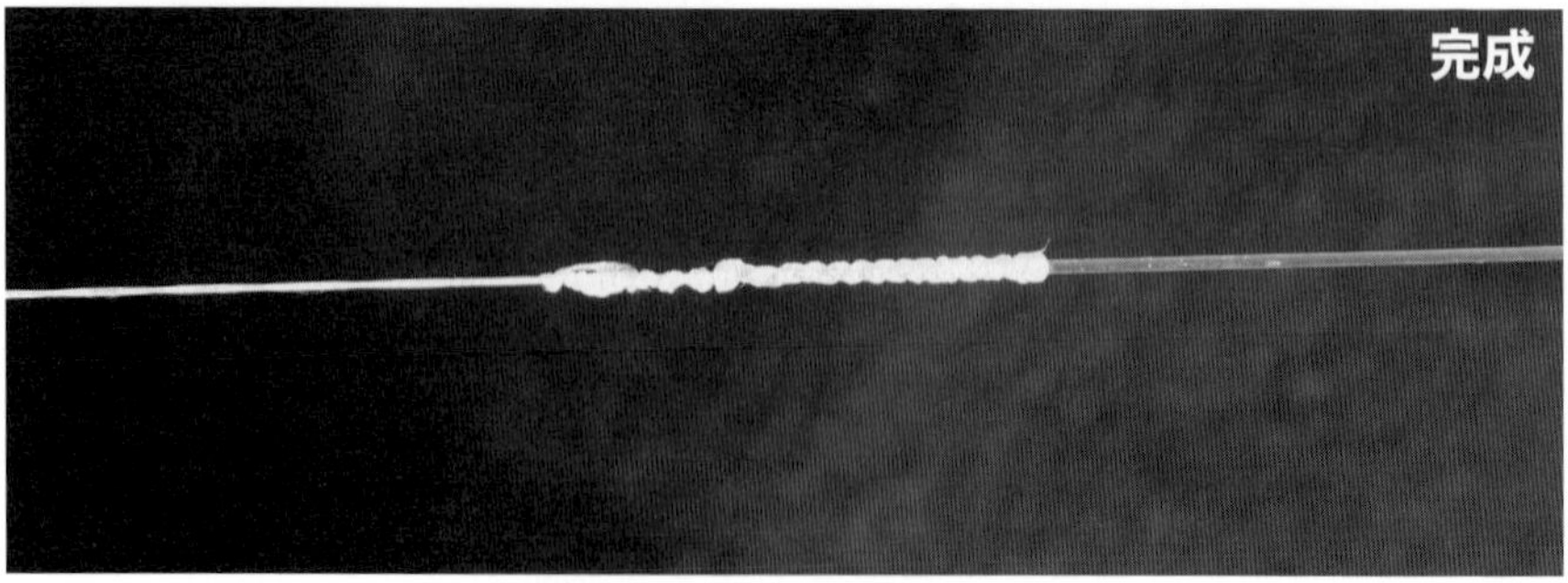

●ラインシステム用の便利グッズ

ボビンワインダー ライトタイプ（シマノ）
0.3〜3号のPEライン対応のPRノット用のボビン。ドラグ調節ツマミの採用で巻き付け時のテンション調整が簡単にできる

システムサポーター（タカ産業）
PRノットの編み込みが簡単にできる専用ボビン。ウエイトの着脱により自重を60g、40gの2パターンに変更できるので巻き付け時のテンション調整に便利

ノットアシスト2.0（第一精工）
FGノットが簡単にできるアシストツール。指にPEラインを巻き付けたりリーダーを張って固定する作業が楽々。ハーフヒッチへの移行もスムーズに行なえる

●リーダーとジグはユニノット

リーダーとメタルジグとの結びはユニノットと呼ばれている方法さえ覚えておけばよい。スナップを使う場合、スプリットリングに直結する場合のどちらも OK。巻き付ける回数は５～６回でよい。

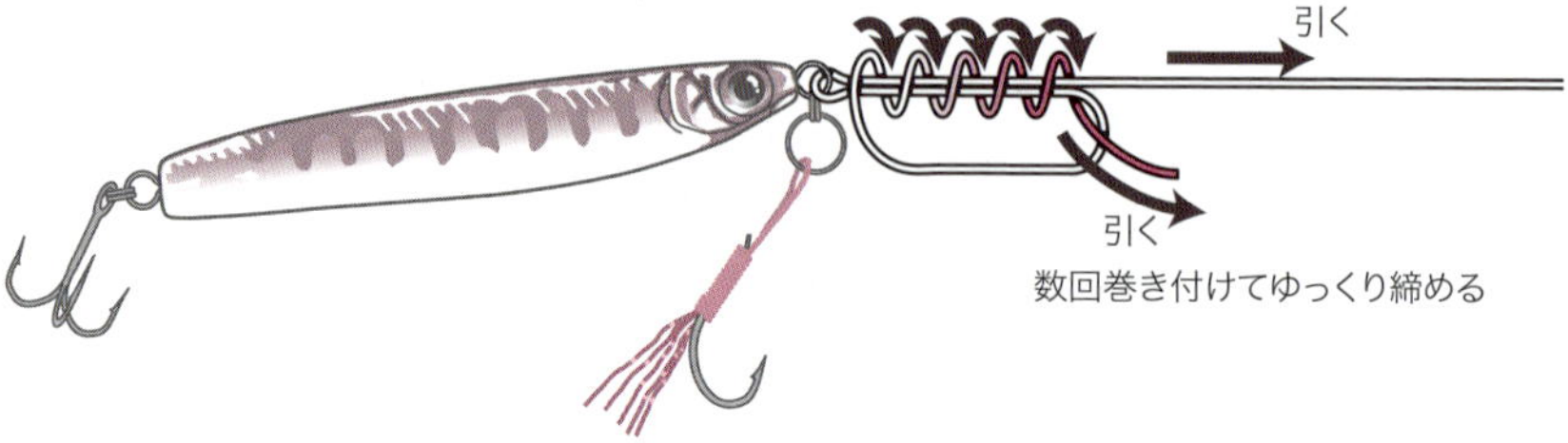
引く
引く
数回巻き付けてゆっくり締める

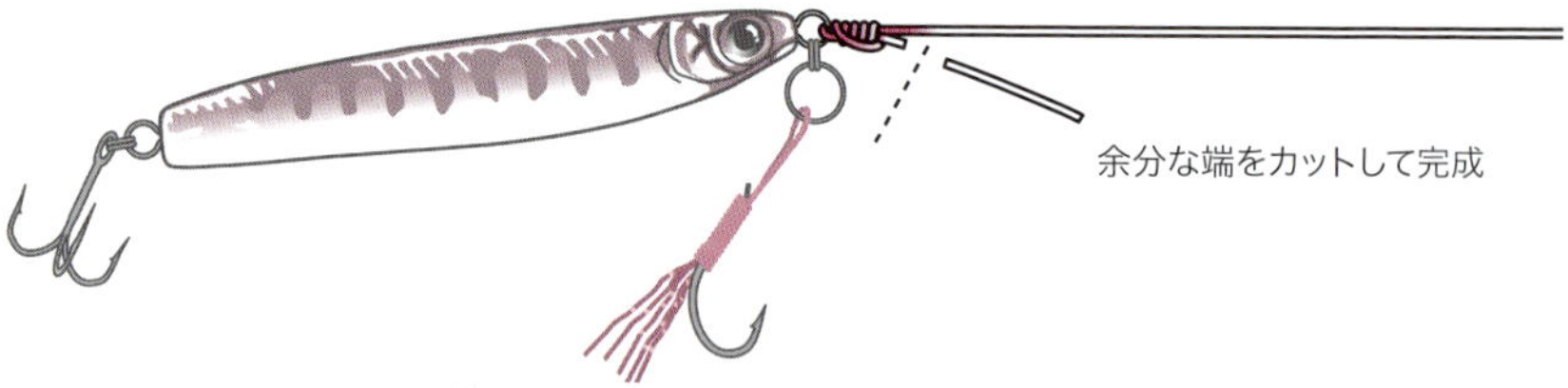
余分な端をカットして完成

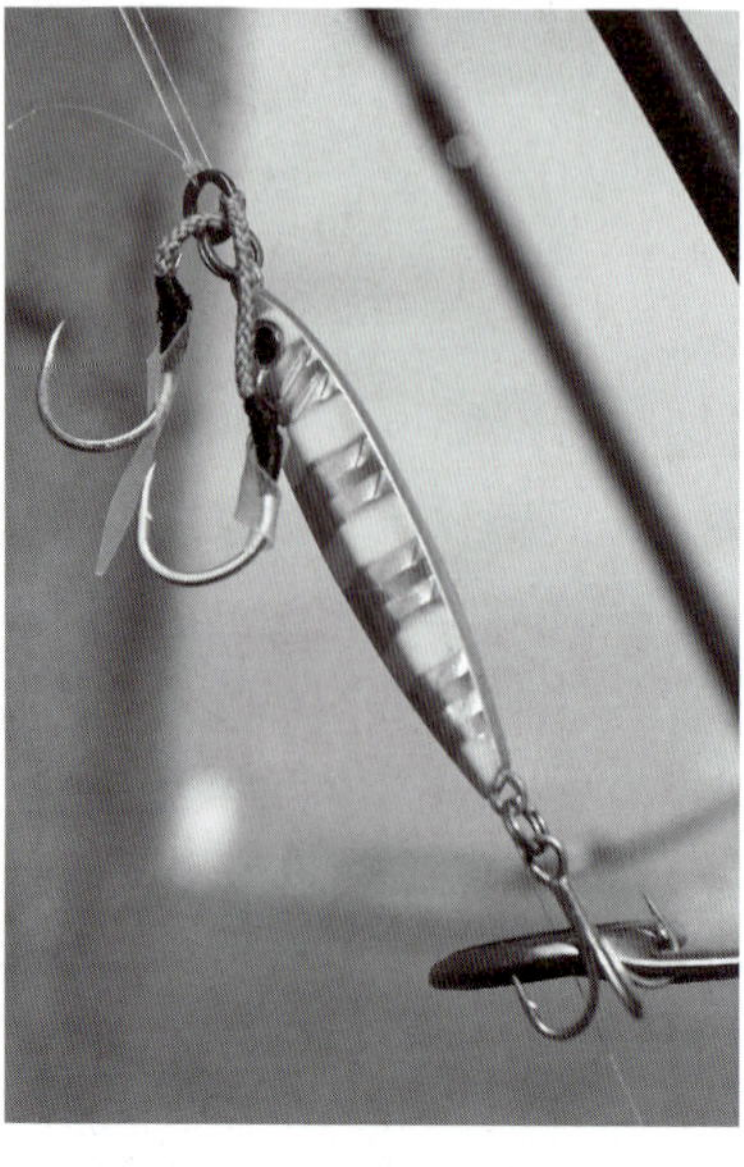

10g 以下の小型のメタルジグならスナップ使用が便利だが、それ以上のジグならスプリットリングに直接結ぶほうが強度的に上だ

section4

魚種別の釣り方

ライトショアジギングの基礎が分かれば準備完了！　実際に釣り場に出て、さまざまなターゲットをねらってみよう。基本的なことは同じでも、魚種によってそれぞれ特徴があるのでターゲット別に釣り方のコツを紹介しよう。

ライトショアジギングの釣り場

釣り場の条件になるのは潮通しがよいことと、ある程度の水深があることだ。たとえば漁港を例に挙げると、港内よりも港の外向き。外側にある防波堤の先端付近や折れ曲がったコーナー付近が特に有望だ。というのも先端やカーブでは潮の流れに変化が起きやすく、潮目やヨレが発生すると青もののエサとなるベイトフィッシュが集まり、それをねらう青ものも集結するからだ。ただし港内にもベイトフィッシュが入り込んでくれば、それを追って青ものの進入も見られるが、一時的なもので常時釣れるというわけではない。

漁港では外向き防波堤、なかでも潮通しがよい先端やその周辺がベスト

さらに大阪湾岸では一文字と呼ばれる沖堤防が多く、渡船を利用しなければいけないが、潮通しや水深は申し分ない。漁港や地続きの護岸にくらべて格段にポテンシャルは上で、青ものの回遊も頻繁でサイズも上。そんな一文字でも両先端や途中のコーナー付近がショアジギングの最有力ポイントであるのは間違いないが、一文字に限っては何の変化もないような真っ直ぐの場所でも期待値は大きい。またベイト次第では外（沖）向きだけでなく内（陸）向きでも青ものの回遊を見ることができる。

砂浜やゴロタ浜など、サーフでもライトショアジギングは可能だが、メタルジグが届く範囲に、ある程度の水深まで落ち込むブレイクがあることが条件。ブレイクにはベイトが溜まりやすく、それを追って青ものがブレイク沿いに回遊する。サーフで底付近をねらえば同じタックルでヒラメやマゴチもねらうことができる。

漁港の青ものポイント

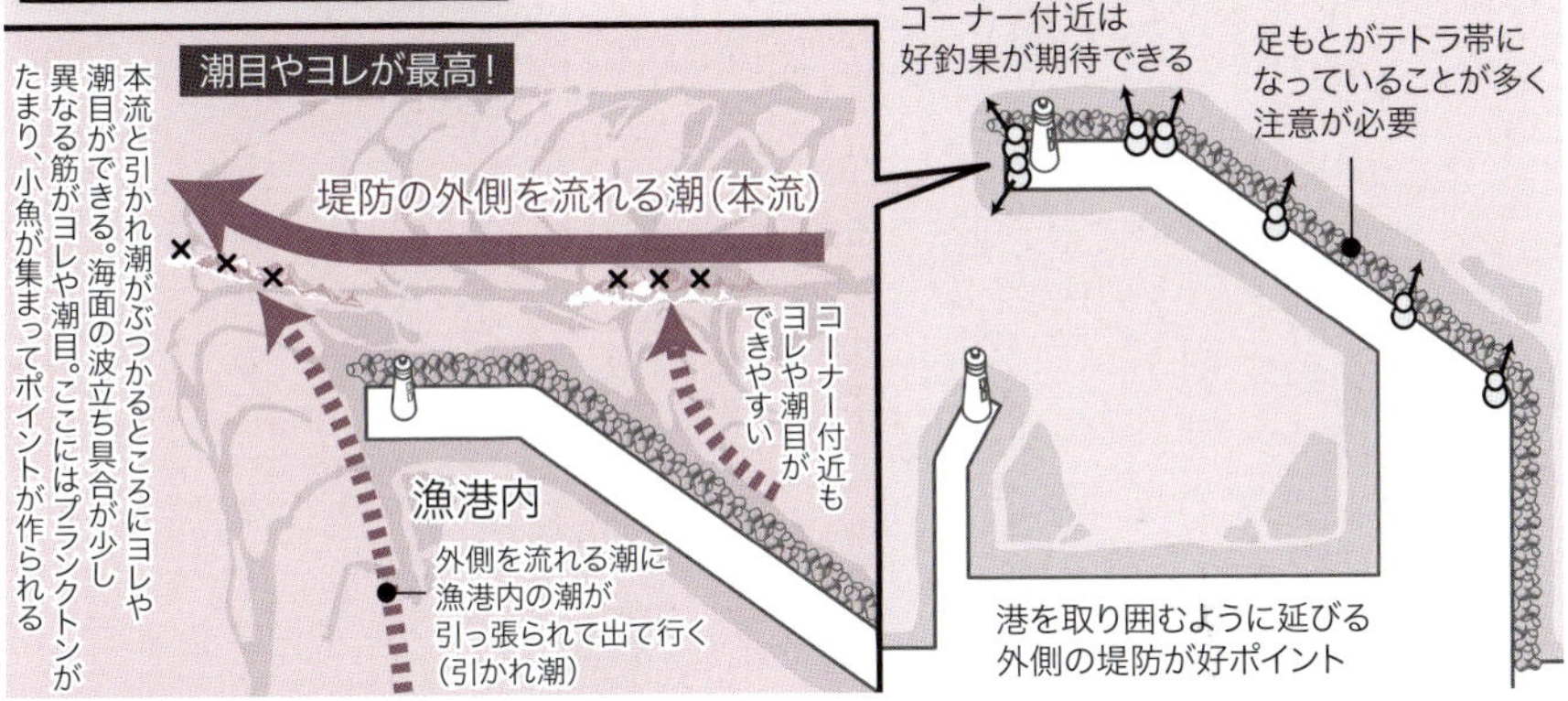

沖一文字の青もののポイント

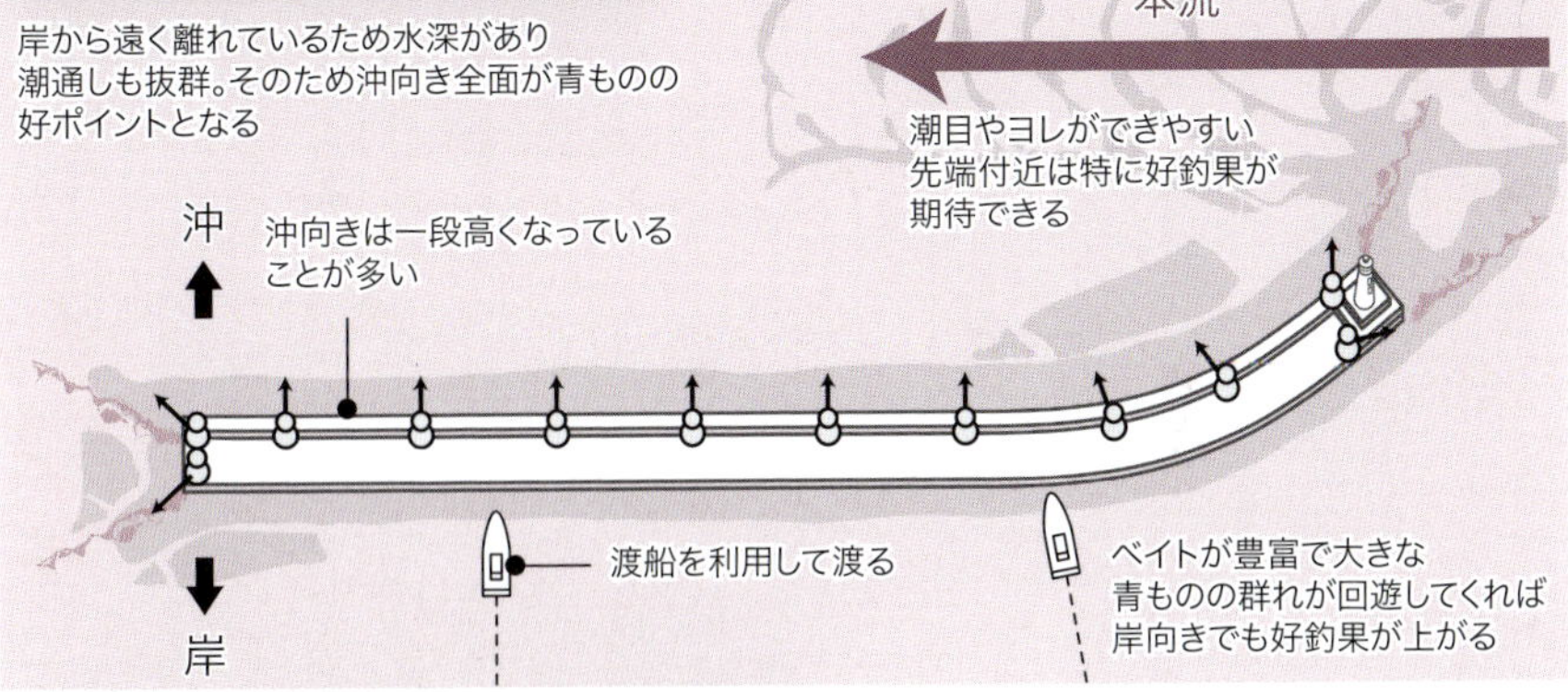

ゴロタ場サーフの青もののポイント

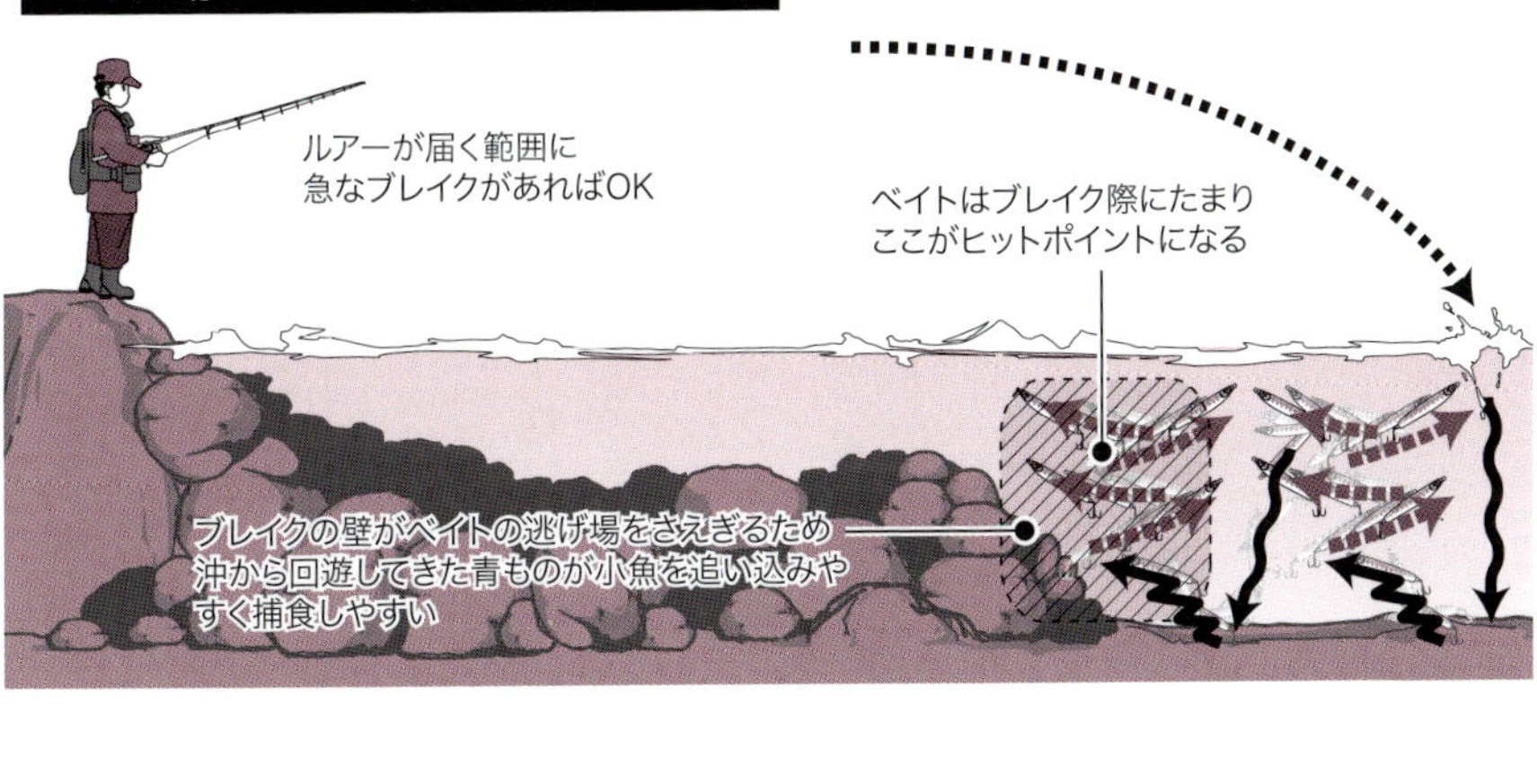

引き味最高！　ツバス・ハマチ・メジロ

　ライトショアジギングの一番人気ターゲットがブリの若魚であるツバス、ハマチ、メジロだ。大阪湾を中心とした関西方面では例年初夏に、まだ30cmにも満たないツバスが回遊し始め、豊富なベイトを食って徐々に成長。お盆を過ぎるころになればハマチクラス、秋本番になればメジロクラスと大きくなる。ちなみに関西では40～60cmをハマチ、80cmまでをメジロ、それ以上をブリと呼ぶが、あくまでも目安であり、地方により人により、その認識はさまざまだ。

関西地方でのブリの呼称

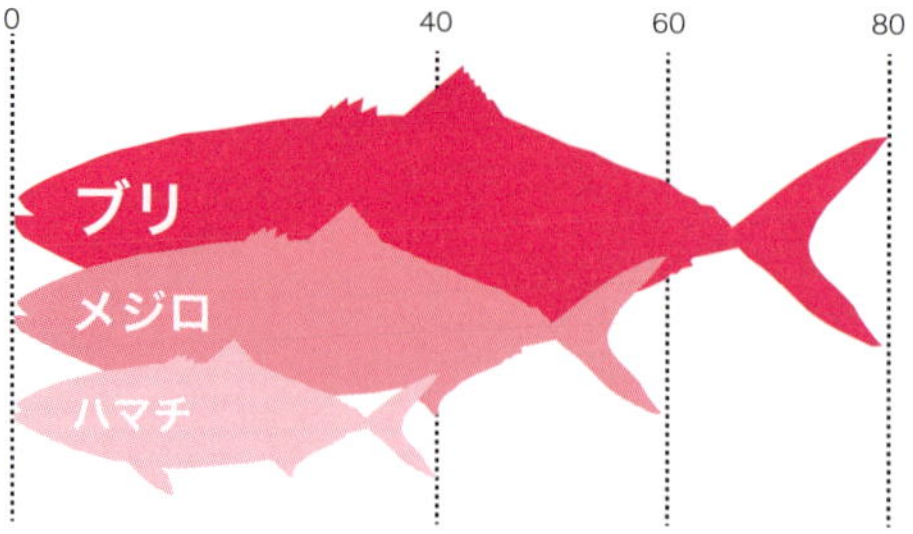

おおむね80cm以上をブリ、60cm以上をメジロ、40cm以上をハマチ。40cm以下はツバスと呼ばれる

　大阪湾岸では大阪府下から淡路島を含めた兵庫県下まで、ぐるっとどこにでもブリの若魚は回遊するが、基本的にはベイトフィッシュを追った群れでの回遊なので、常時釣れ続くことはなく、ある程度のムラは覚悟の上。前日までよく釣れていたのに、釣行日に限ってお隣の釣り場ばかりにヒットが集中することも珍しくない。釣り情報とにらめっこし、釣れだせばすぐにロッドを担いで出掛ける人が多い。

●ツバス・ハマチの釣り方

　釣り方は小型のツバスからやや大きめのハマチ、さらに大きいメジロクラスで若干の違いがあるが、基本的にはボトムから宙層までのコンビネーションジャークでよい。まだ幼いツバスがメインの場合は常時、素早いワンピッチジャークだけで誘うほうがヒット率が高いことが多い。小刻みにジャカジャカ動くジグにじゃれるようにまとわりついて来る。かえってスローな大きいジャークだとジグから離れてしまうことが多いようだ。

　ところがハマチクラスにまで大きくなると、ジャカジャカだけではなかなかヒットに持ち込めない。緩急を付けたコンビネーションジャーク、アクションにメリハリが必要

ライトショアジギング
の本命は何といっても
ツバス、ハマチ、メジ
ロ。ブリの若魚だ

なのだ。ボトムまで落としたジグをハイピッチの動きでハマチに見せてアピールし、その後突然スローな大きい動きに変化させることで食欲に火を付ける。メリハリを付けて食わせる間を与えることが重要なのだ。その場合でも、常時同じパターンを繰り返すのではなく、どこで食わせるかを意識しながらアクションに変化を付けることで、釣果に差が出る。1尾ヒットしたからといって同じアクションで2尾目以降もヒットし続けるとは限らないのだ。

また秋になればツバスやハマチが表層でベイトを突き上げるようにボイルすることもある。そんな場合は表層での早巻きでねらうが、ヒットに持ち込めなければ途中で少しフォールさせてみるのもよい。メタルバイブも有効だ。

●メジロクラス以上の釣り方

80cmをオーバーするブリクラスになれば、もはやライトショアジギングの範疇《はんちゅう》ではないかもしれないが、大阪湾奥でも1mもある特大のブリが釣れることも珍しくない。60～80cmのメジロなら連日どこかの釣り場で何尾も釣られている。ライトショアジギングのタックルでも、落ち着いてやり取りすれば、問題なくゲットできるはずだ。

とにかくメジロをヒットに持ち込むためにはツバス、ハマチクラスとは食わせのアクションに差を付ける必要があ

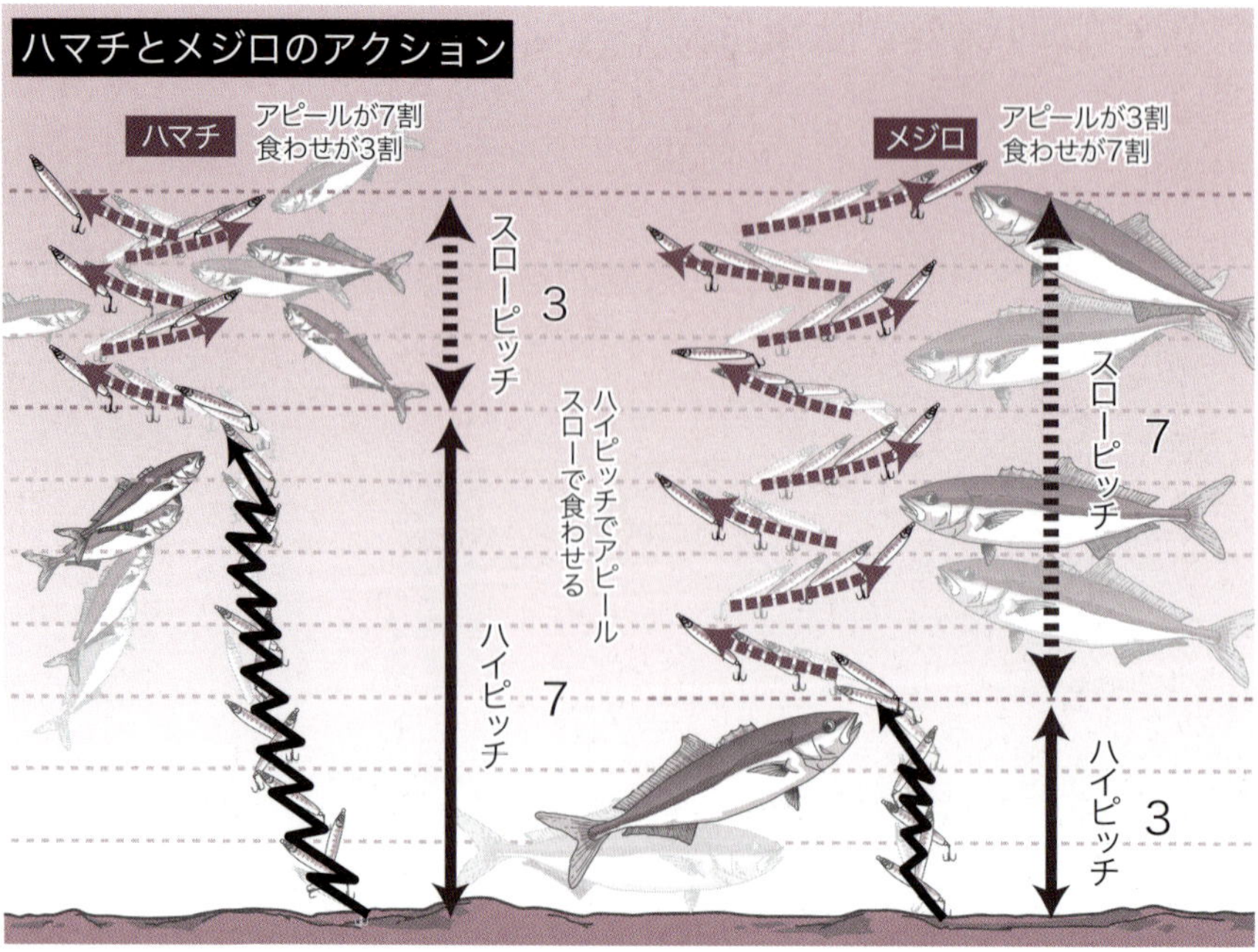

真夏、大阪湾岸の各防波堤でアングラーを楽しませてくれるのが 40cm以下のツバスたちだ

秋が本格シーズンの青ものだが初夏でも場所によってはメジロ、ブリクラスが回遊。沖堤でメタルバイブを引いてブリをねらう人たち。熱気ムンムン！

る。ツバス、ハマチでは素早いワンピッチジャークのアピール時間を長く取り、スローな食わせのジャークが短いが、メジロ以上の大型には、この時間配分を逆転させる。素早いアピールは短く、食わせのジャークを長くする。比率でいえばアピール3、食わせ7というのがセオリーだ。

食わせのスロージャークの場合も、若干ラインスラックを出すようにし、そのイトフケ分を弾くような感じでジグを跳ね上げる。海中で急に方向転換したジグがダートし、フォールしかけた瞬間に跳ね上げるのだ。アタリはそのフォールしかけた瞬間に出ることが多いという。

その直後のジャークでドスンとロッドに重みが乗りアワセが利いたようにも感じるが、必ずもう一度、ロッドを大きく力強くあおって追いアワセを入れておこう。

メジロクラスにもなると、その引きは半端ではない。特にライトなタックルを使っていると不安になるが、タックルバランスさえ取れていれば、やや強引にやり取りしたほうがよい。とにかく魚が突進している間は無理にリールを巻かず、ロッドを立て弾力を生かして引きに耐える。魚の引きが少しでも弱まったら可能な限りラインを巻き取り、素早く足下に寄せてしまおう。人が多い釣り場で左右に走られるとオマツリ必至。強気でのやり取りが肝心だ。

メジロやブリが潮に乗って走り出したら止まらない。魚に先手を取らせず釣り人優位の強気のやり取りが肝心だ

青ものにも有効！ ショアラバー！？

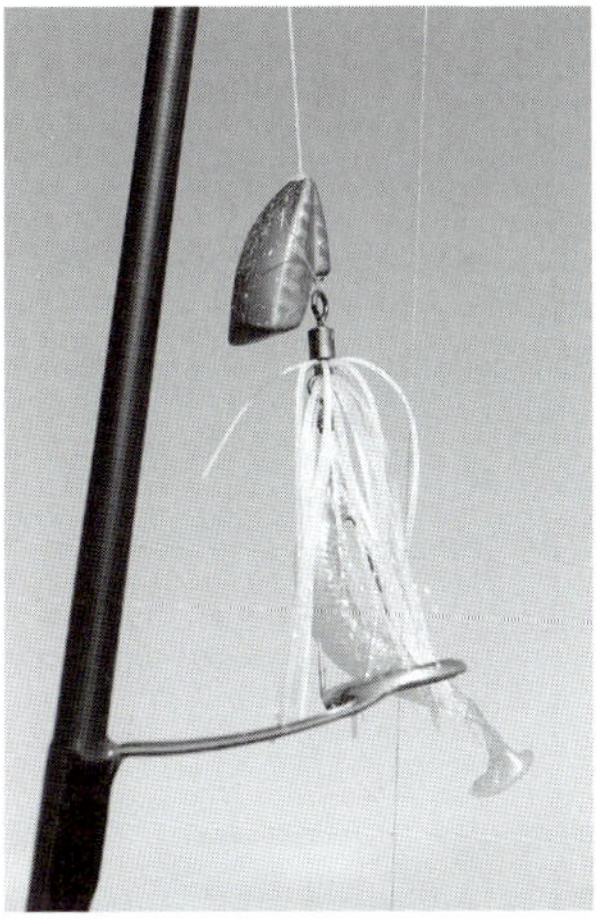

ライトショアジギングのタックルそのままで使えるメジャークラフト「ジグラバースルー」は遊動式のヘッドにリーダーを通してフック、ネクタイ、ラバーがセットされたスイベルに結ぶだけ。写真のオフセットフックタイプにはワームなどのトレーラーを追加するのもよい

■早い話がキャスティング用のタイラバである。オフショアで船から垂直にリグを落とし真上に引き上げてくるバーチカルな釣りに対して、ラバージグを沖へ投げて横引きするのがキャスティングタイラバだ。当然、元祖タイラバと同様にマダイがねらえるが、ボトム付近でタダ巻きするだけでもよいしリフト & フォールさせれば岩礁帯ではハタ、ガシラなどの根魚、サーフではヒラメやマゴチがヒットする。さらに表層から中層を引けば青ものだって釣れてしまうのがキャスティングタイラバなのだ。メタルジグやメタルバイブで反応が悪い場合でも、ラバージグにチェンジすることで口を使ってくれることがあるのでタックルボックスに何個か忍ばせておけば心強い。また青ものの回遊が見込めずジギングの調子が悪い場合のお土産釣りにも有効だ。

サゴシは宙層以上のシャローレンジを意識して

大阪湾を中心とした海域でハマチ、メジロに次ぐライトショアジギングの人気ターゲットがサゴシだ。出世魚サワラの若魚で60cm以下の中型サイズをサゴシと呼んでいる。サワラは魚偏に春と書いて、そのとおり春が旬の魚だが、サゴシクラスは夏から秋に回遊が多く見られる。大阪湾奥の沖堤でも、かなり沖合でジャンプする姿が頻繁に目撃される。防波堤近くでボチャンと跳ねるのはボラがほとんどだが、音が聞こえないほど沖合でジャンプしているのは、たいていサゴシだ。

とにかく歯が鋭い魚でどん欲。どんなルアーにも果敢にアタックしてくる。たとえばタチウオをねらうワインドでも日が高いうちはバイトしてくるし、ミノープラグでもバイブレーションでもおかまいなし。興味を示せば何にでも噛み付いてくるので、アタリが出た瞬間にリーダーが抵抗もなく切られた場合はサゴシが回遊しているとみて間違いないだろう。

釣り方の基本はハマチやメジロと同じコンビネーションジャークでオーケーだが、ねらうレンジは宙層より上、海面直下までと浅くてよい。特にジャンプが頻繁に見られる場合はジグで表層を早巻きする。メタルバイブを使えばなお確実だ。

歯が鋭いサゴシ。フックがしっかり掛かれば切られることはないがジグの塗装がボロボロに

とにかくルアーに反応がよいので、どんなアクションでもヒットしてくるビギナーでも釣りやすい魚ではあるが、コンビネーションジャークで確実にバイトに持ち込むにはフォール時間を長めに取る、食わせの間をより意識したスローアクションが有効だ。メタルバイブを引く場合でも、タダ巻きにトゥィッチアクションを時折加えて食わせるタイミングを作ってやろう。

回遊さえしていれば高確率でジグにアタックしてくる釣りやすい魚。ただしやり取り中にテンションを緩めるとリーダーを噛み切られることもしばしば

サゴシのヒットレンジ

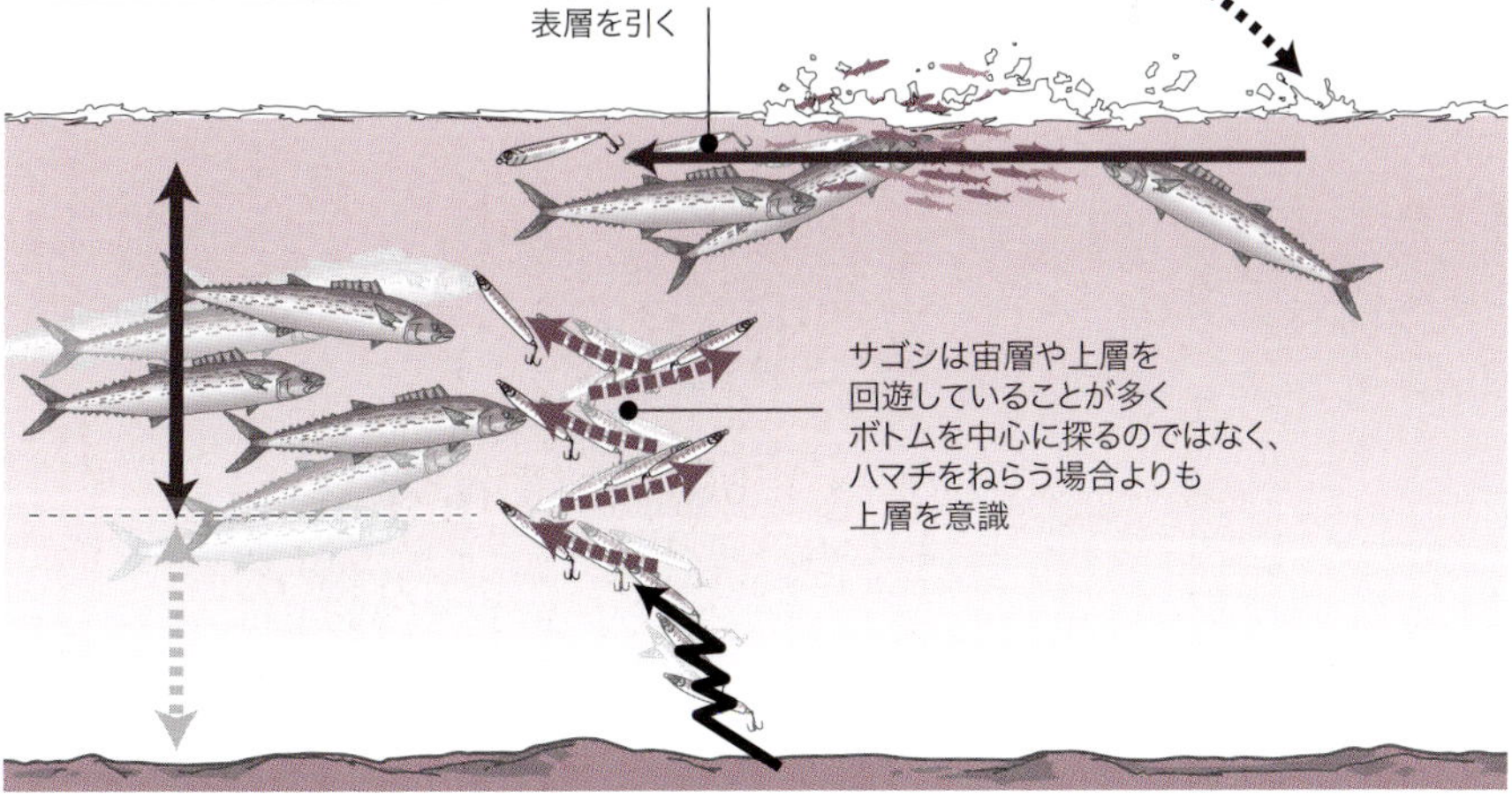

ナブラが出た場合は、フロントバランスもしくはセンターバランスのメタルジグで表層を引く
サゴシは宙層や上層を回遊していることが多くボトムを中心に探るのではなく、ハマチをねらう場合よりも上層を意識

若魚といえども半端ない引き！　それがシオ

40cmくらいまでのカンパチの若魚を関西ではシオと呼ぶ。大きくなれば1mをオーバーするモンスターに成長するため、ヒラマサと並んで沖磯からのジギングでねらうターゲットの王様である。そんなキングフィッシュの子供たちが秋になれば、手軽なターゲットとして我々の相手をしてくれるからたまらない。しかしさすが王者の子、その引き味は半端なく、40cmのシオだと同じサイズのハマチにくらべて何倍ものパワフルさ。メジロがヒットしたのではないかと思うほど力強い引きなのだ。

ハマチやメジロとは違い、ヒットすれば根などの障害物に向かって突っ込んでいく習性があり、メジロ以上に強引なやり取りが必要。油断してラインを緩めると根ズレでバラシも多発する。足下に一旦浮かせても、その引きは執拗《しつよう》でランディングするまで気が抜けない。このあたりもヒラマサとよく似ている。

もともとは外洋性の強い魚なので、以前は太平洋側でないと釣れないイメージが強かったが、近年は大阪湾などの内海でも夏場から秋によく釣れるようになった。目安としてはアオリイカの新子が釣れ始める時期、釣り場がシオにも共通するようで、シオはアオリイカの新子を追って内海にも入って来るのではないか？　という説もある。

シオクラスの小型はメタルジグにじゃれ付くようにチェイスしてくるので、ハマチやメジロなどへのアピール時に有効な素早いワンピッチ、ジャカジャカアクションが終始有効だ。逆にスローなジャークに変えたとたんに見切られてジグから離れてしまう。

また学習能力も高いのか、1尾ヒットさせたジャカジャカアクションがすぐに効力を失ってしまうこともしばしば。1尾釣りあげたら、その次も同じパターンは通用しないと考えてジャークのリズムや間の取り方に変化を与えてやることで2尾目、3尾目と釣果が延ばせる。ただしハマチなどにくらべて群れの個体数は少なく、複数釣れることは、それほど多くない。20cmまでの小型ならサビキ仕掛けに掛かってくることもあるが、30cm、40cm、50cmとサイズアップするほど気難しくなる。ツバスやハマチをねらっていて偶然ヒットする魚的な要素も実は強い。

カンパチの若魚シオ。ツバスやハマチにくらべ体高がありヒレも発達。マッチョな体形で、その引きは半端なく強い

真夏のお楽しみ！　シイラでいい汗かこう！

■真夏になると大阪湾の奥にもシイラが回遊して来る。50cm 程度のペンペンと呼ばれる小型だけだと油断していたら、突然 1m 近い大型もヒットしてびっくりさせられることがある。表層を回遊する魚なのでセンターバランスのジグをキャストし、表層でトゥィッチを織り交ぜながらジグを左右に振ってアクションさせてやると、うまくバイトしてくれる。とにかく引きはパワフルで執拗！　大汗かきながらの釣りもこれまた楽しい！

緩やかジャーク&ジギングサビキでゴマサバ

サバといってもサビキ仕掛けで釣るような小サバではない。近年は回遊がまばらになったが、毎年6月頃になると、決まって大阪湾に回遊してくるナイスサイズのゴマサバだ。何と全長40cm前後をレギュラーに大きいものは50cmもあるからたまらない。「なーんだ！ マサバじゃないのか……」ということなかれ。ゴマサバも、ここまで大きくなると実に美味しい。マサバの旬が冬なのに対しゴマサバの旬は夏なのだ。脂の乗りも抜群、塩焼きや煮付けはもちろんのこと、釣りあげてすぐなら刺身にタタキ、特に関西で「きずし」と呼ばれる「締め鯖」が秀逸だ。

小サバじゃない！　メタルジグに食い付くのは40〜50cmもあるビッグなゴマサバだ

ただし鮮度が落ちやすいサバなので、釣りあげたら1尾ずつサバ折りにして締めてから内蔵とエラを取り去り、海水を張ったバケツに入れて血抜きをしたら、これまたクーラーに多めの氷と海水を入れキンキンに冷やした潮氷へ。釣り場を後にする際に海水だけ抜いて持ち帰れば問題なし。サバにはアニサキスと呼ばれる寄生虫が内蔵に付いていることがあるが、釣りあげてすぐ内蔵を抜くことで身への侵入を防ぐことができる。

肝心な釣りかただが基本的にはスローなジャークでOK。ツバスやハマチをねらう場合よりも、かなり緩やかなほうがヒット率は高い。レンジは底だったり中層だったり表層近くだったりとバラバラなので、その日のヒットレンジを早めにつかむことで釣果がのばせる。とりあえずボトムレンジから釣り始めて、反応をみながら徐々に浅いレンジへ移行しよう。

またサバにはジギングサビキも効果抜群。ジグとリーダーの間に2〜3本バリのサビキ仕掛けをセットすることでダブルヒット、トリプルヒットも夢ではない。釣り方はジグ単体の場合と、まったく同じだ。

ジギングサビキを利用すれば、でっかいゴマサバのダブルヒット、トリプルヒットも珍しくない

ソウダガツオ（マルソウダ）はフォールに好反応

標準和名のヒラソウダ、マルソウダ、スマを総称してソウダガツオと呼ぶのだが、そのなかでも、例年真夏に大阪湾奥にまで回遊してきてアングラーを楽しませてくれるのがマルソウダだ。

ゴマサバ同様、鮮度が落ちるのが早いため、締めて血抜きしキンキンに冷やした潮氷で一気に体温を下げてから持ち帰るのがお約束。ただしマルソウダは必ず加熱調理してほしい。マルソウダの血合いにはアレルギー性食中毒を引き起こすヒスタミンを生成する物質が多く含まれているためだ。生食厳禁！　鮮度がよいもので血合いをきれいに取り除けば非常に美味しいという説もあるが、船上で釣りあげてすぐのマルソウダを食べてアレルギー反応を起こしたという話も聞いたことがあるのでご注意を！

大阪湾ではまれだが、黒潮の影響が強い太平洋岸の釣り場ならヒラソウダやスマが釣れることも。特にヤイトガツオと呼ばれるスマは食味抜群！　刺身やタタキは本ガツオ以上という人も多い。

釣り方はゴマサバと変わりなく緩め、スローなジャークで食わせるが、ジグがヒラヒラとフォールするときに反応することも多いため、センターバランスのジグよりもリアバランスのジグでゆっくり落とすのがよいだろう。ただしレンジはゴマサバがボトム付近から表層まで全層なのに対し、マルソウダは宙層から表層までの浅いレンジでのヒットがほとんどだ。マルソウダに関してはボトム付近は完全に無視してかまわない。夏の大阪湾奥ではゴマサバと同じようなタイミングで釣れることが多いので、両種が混じって釣れる場合は、ねらうレンジを変えることで釣り分けも不可能ではない。

またマルソウダは群れでナブラになることも多く、そんな場合はナブラめがけてきゃストし表層を早巻きする。反応が鈍ければ、早巻きの途中にトゥイッチを入れたり、スピードの変化を与えてやるのも効果的。

とにかく引き味は抜群！　ヒットすればロケットのような体形と推進力で表層を右へ左へ走り回る。周囲に釣り人が多い場合はモタモタしているとオマツリの原因になるので、有無をいわせず強引に引き寄せて抜き上げよう。

マルソウダは快速スプリンター。ジグにヒットすれば海面下を右へ左へ走り回る。重量はそれほどでもないので強引に引き寄せ一気に抜き上げよう

ソウダガツオのレンジ

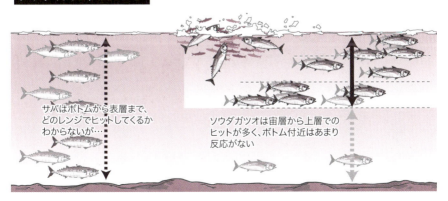

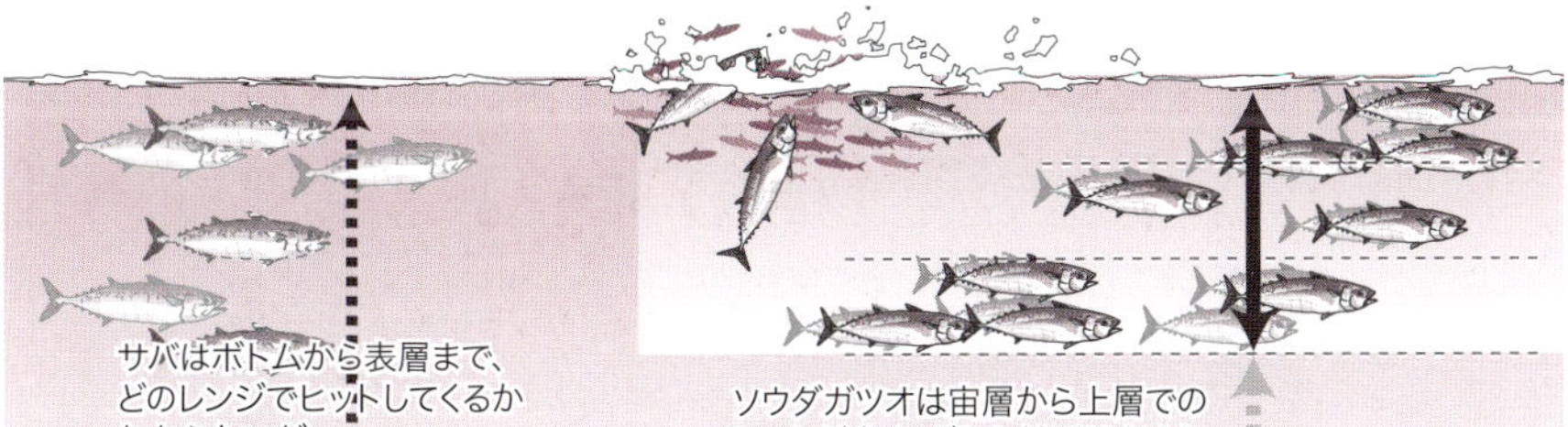

どのレンジでヒットしてくるか
わからないが…

ヒットが多く、ボトム付近はあまり

ナブラとは？　興奮マックス！　ナブラの釣り方

ライトショアジギングでもっとも心躍るのがナブラの発生だ。ベストシーズンの秋は回遊魚の食い気まんまん。ナブラを発生させる魚はツバス、ハマチ、メジロを中心にカンパチ（シオ）、マサバ、ゴマサバ、ヒラソウダ、マルソウダ、サワラ（サゴシ）など、ほとんどライトジギングのターゲットたちである。

ナブラはショアからジグでねらう場合の確実な目安になる。ナブラとはフィッシュイーターたちがエサとなるカタクチイワシ、マイワシ、ウルメイワシ、小アジ、カマス、小サバ、サヨリなどのベイトフィッシュの群れを海面まで追い上げ、そのときに海面で小魚たちがバシャバシャと逃げまどい、さらには大きな魚たちが波飛沫を上げて小魚を捕食する行動（これをボイルと呼ぶ）を含めた全体的な様子をいう。

ナブラが立ち始めるときのパターンだが、最初は潮目の近くで単発的なボイルが発生、それにつられて他のフィッシュイーターたちの活性も上がり、ボイルする魚がどんどん増えていき、ついには大きなナブラになる。これは鳥山が立つ場合も同じ。まず海面上空で1～2羽の海鳥が旋回し始めると、それを見た他の鳥たちもベイトの存在を知り、徐々に何羽かがギャーギャー鳴きながら低空で飛び始め海中めがけて突進、ついには多くの鳥たちが集まる鳥山になるのだ。

ナブラが立ちやすい時間帯は朝イチであることが多い。そのときに潮がよく動くタイミングが合うと、ベイトの動きがより活発化しナブラの発生率もアップするという。特に漁港や河口の沖では、満潮から引き潮に転じたタイミングが最高だ。というのも夜間、港内や河口部に入り込んでいたベイトが、引き潮に乗って外部に出て行くためで、フィッシュイーターたちは、それを待ちかまえているのである。ただしベイトが少ない場合は、単発ボイルで終わるので、ベイトの有無、ベイト量など事前チェックが重要。

●魚種別ナブラの特徴

ツバス、ハマチなどブリ類は集団でベイトフィッシュを海面まで追い上げ、水しぶきを上げながら捕食する。集団で旋回しながら下からベイトを海面へ追い上げるのだ。そ

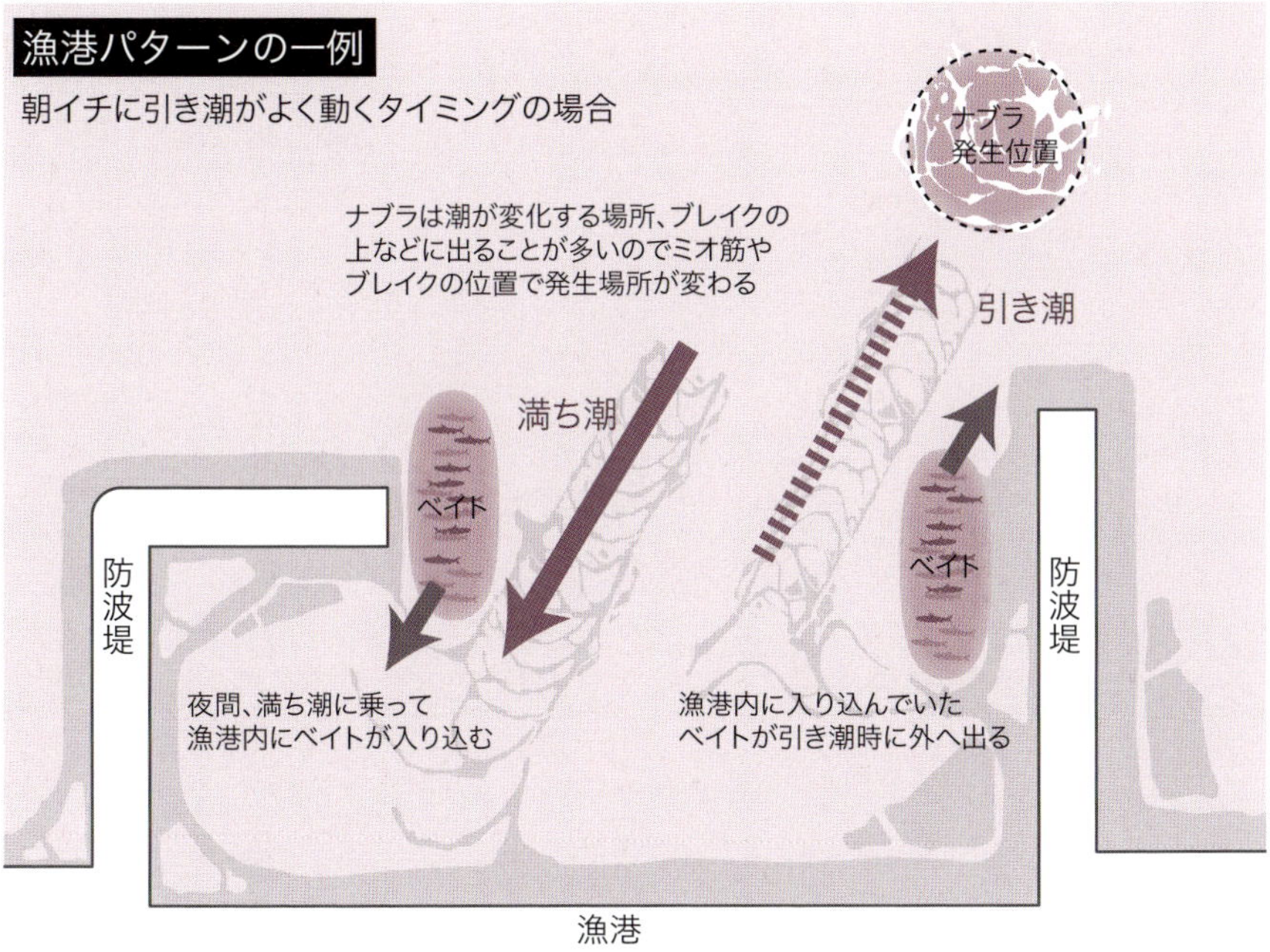
漁港パターンの一例
朝イチに引き潮がよく動くタイミングの場合
ナブラ発生位置
ナブラは潮が変化する場所、ブレイクの上などに出ることが多いのでミオ筋やブレイクの位置で発生場所が変わる
引き潮
満ち潮
ベイト
ベイト
防波堤
防波堤
夜間、満ち潮に乗って漁港内にベイトが入り込む
漁港内に入り込んでいたベイトが引き潮時に外へ出る
漁港

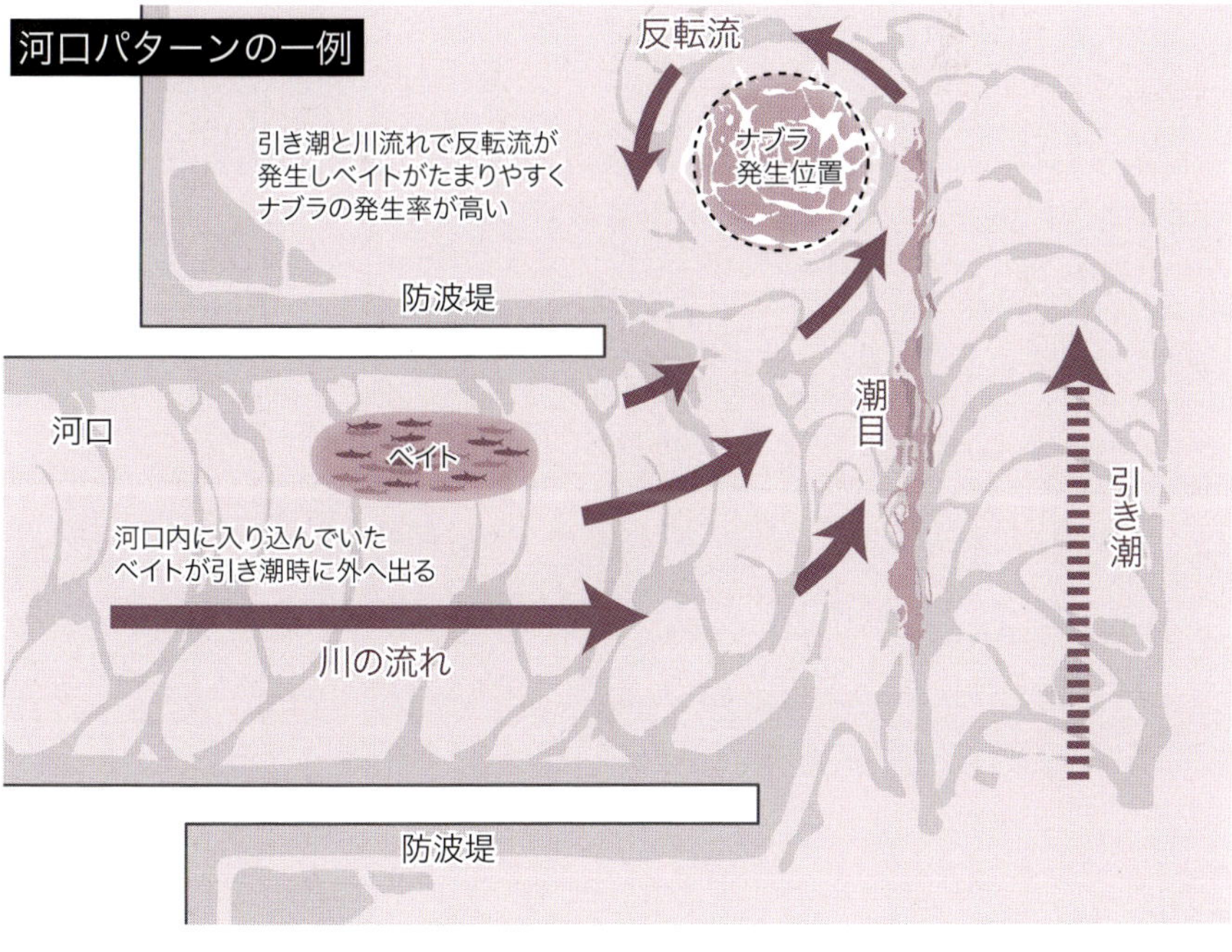
河口パターンの一例
反転流
ナブラ発生位置
引き潮と川流れで反転流が発生しベイトがたまりやすくナブラの発生率が高い
防波堤
河口
ベイト
潮目
引き潮
河口内に入り込んでいたベイトが引き潮時に外へ出る
川の流れ
防波堤

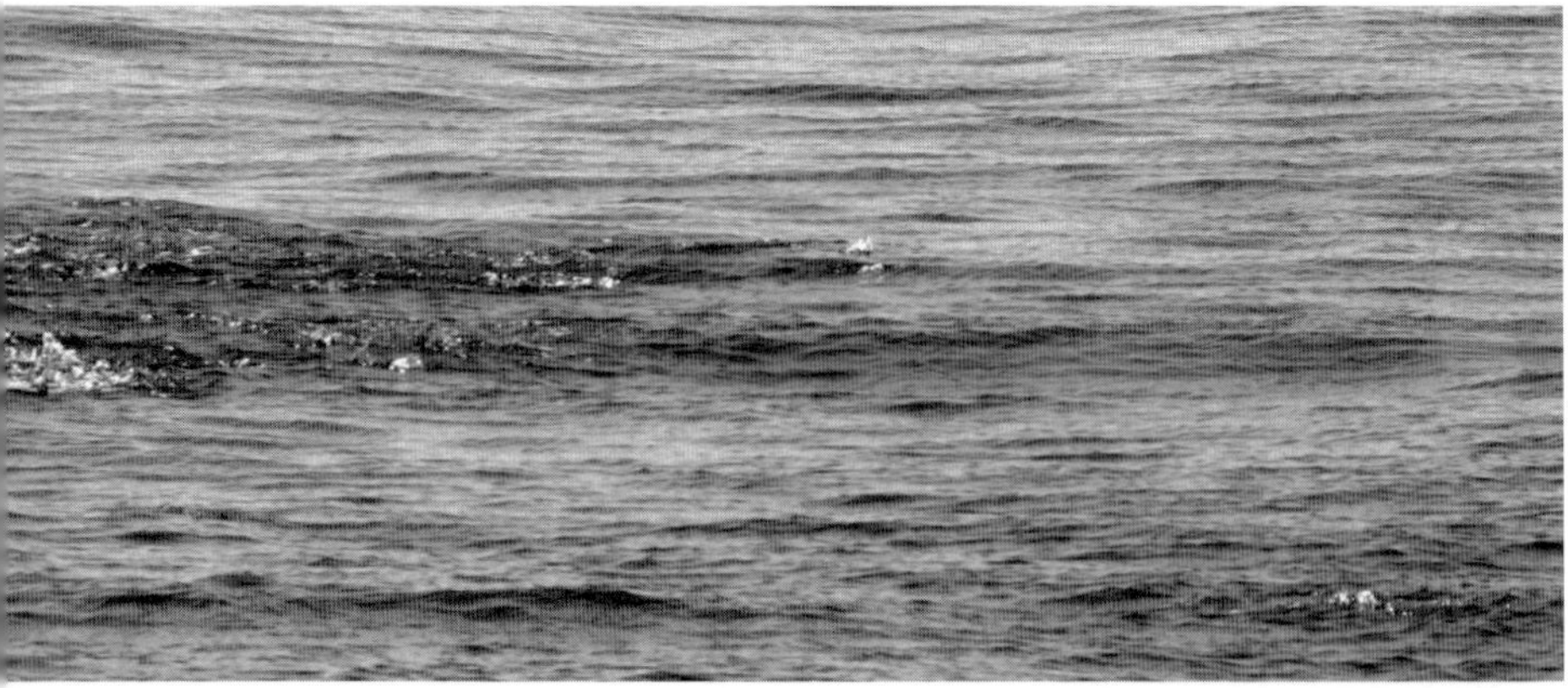

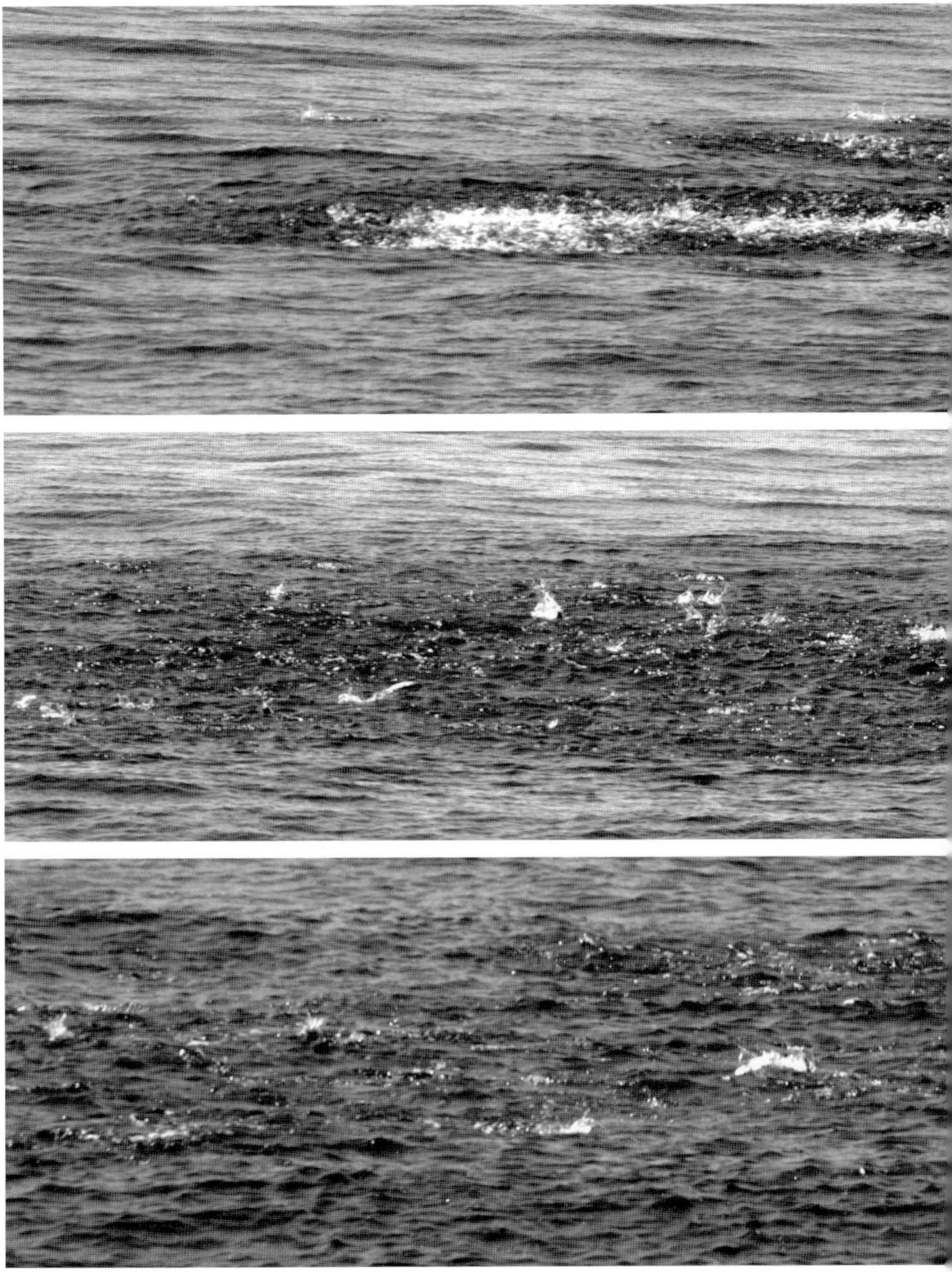

紀伊水道に面した和歌山県小浦一文字の沖に発生したナブラ。ルアーが届く距離ではなかったので、
その正体は確認できなかったが移動が速かったのでマルソウダではないかと推測される

のときベイトを吸い込むようにゴボゴボ丸飲みする。このナブラは一時的ではあるが、その場に留まっていることが多い。ベイトがイワシ、カマスなどの場合、特に顕著だという。

サワラの若魚であるサゴシも複数でブリ類と似たような捕食行動をとるが、勢い余って？　海面上に飛び出し、ボディーのシルエットが目視できるためサゴシと分かりやすい。それ以上のサワラクラスになるとなぜか単独行動が多くなる。

カツオ類も集団での捕食行動を取り、ブリ類のナブラとよく似ているが、大きく口を開き高速移動しながら捕食するため、バシャバシャというよりも背ビレを海面上に出して、水を切り裂くような感じのナブラになる。これはサゴシにも見られる特徴。また、大きな個体になると水面から飛び出して捕食するため水柱が立ち、確認できるボディーのシルエットでカツオ類と判断しやすい。カツオ類は高速で泳ぎ続けないといけないため、ナブラ位置もその場に留まることなく移動が速いのが特徴だ。

参考までに、タチウオも指幅2本半～3本半のサイズになると、ベイトを押し上げ海面上に飛び出して捕食することがある。

●ナブラを逃さないための釣り方

ナブラが立った場合の釣り方は表層引きがメインだ。そのためにはルアーをナブラの出るエリアまで届けることができる遠投性能が重要なのだが、とりあえずは遠投性能はそこそこでもアピール力に優れた浅いレンジが得意なメタルバイブで釣り始め（もちろんポイントまで届くことが前提）、その後、メタルジグへ移行するのが基本である。

まずはメタルバイブで表層を早巻きで釣る。タダ巻きで振動するメタルバイブは海中へ伝わる波動が大きくアピール力が高いからだ。これで反応が出ない場合は、巻いては止めを繰り返したり、リトリーブ途中でチョンとシャクってフォールというアクションを加える。それで食ってこない場合は、同じウエイトならメタルバイブよりもシルエット的にコンパクトなメタルジグに移行する。

近年、大阪湾などでは回遊する青ものが小型化の傾向にあり､ジグも小型を使用することでヒット率がアップする。とにかくコンパクトでスリムなものがよいが、小型のナマリ製だとウエイトが軽く遠投性に劣るので、同じボディーサイズでも高比重で重いタングステン素材がベター。防波堤でのショアジギングでは14～40gがレギュラーだが、シーズン初期、初秋は青ものも小型が中心なので20gまで

ナブラの出方による魚種判別法

ブリ類 水しぶきを上げてゴボゴボっと
ベイトを吸い込むように丸飲み

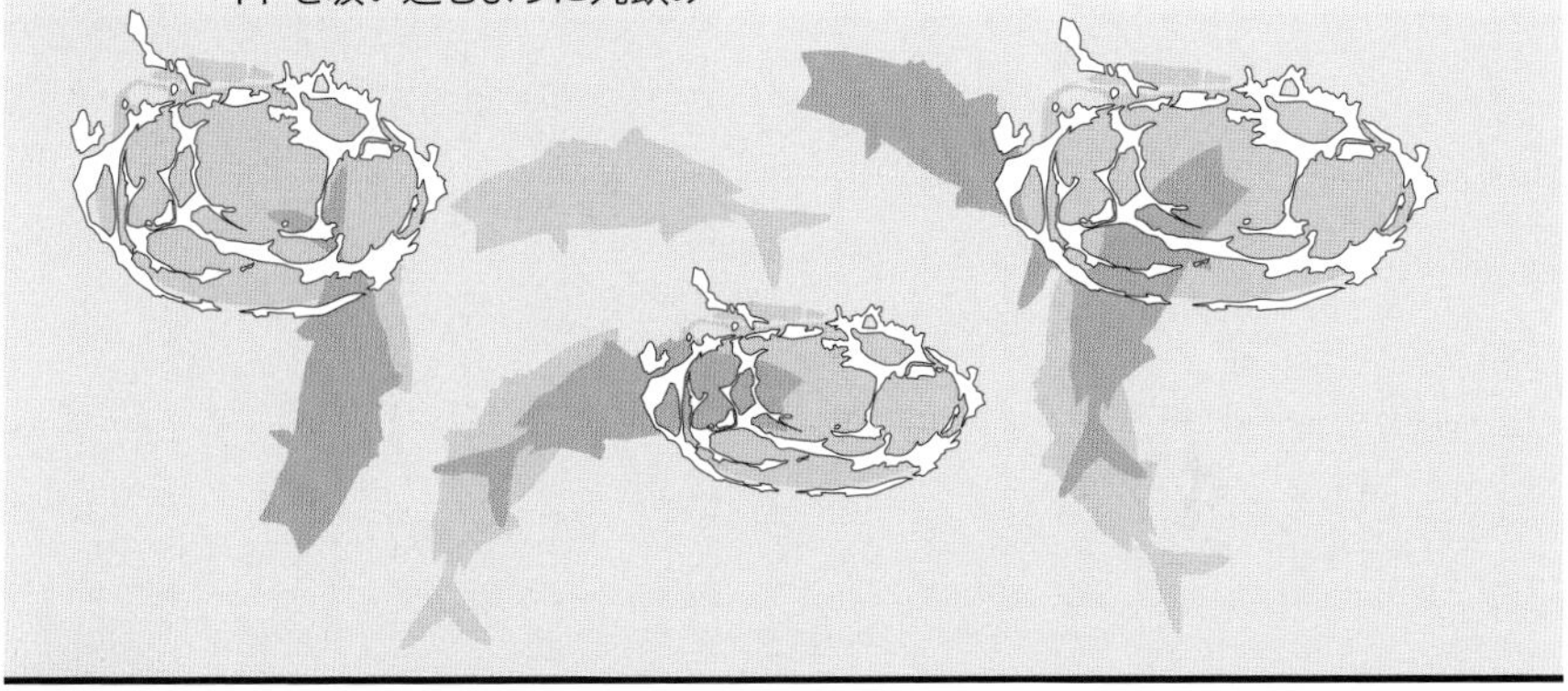

サゴシ 勢い余って海面上に飛び出すことが多い。
そのシルエットで判別しやすい

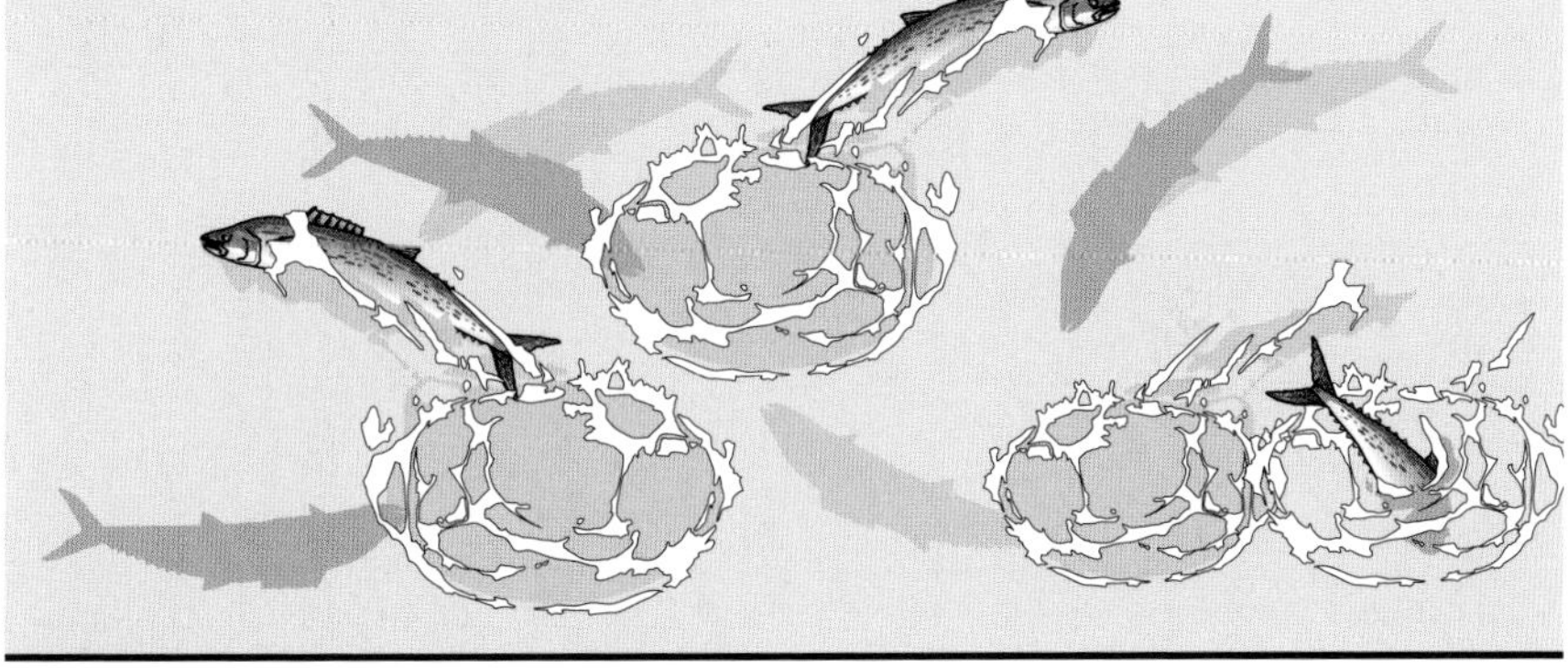

カツオ類 海面を切り裂くような感じ。
背ビレが海面上に見えることも

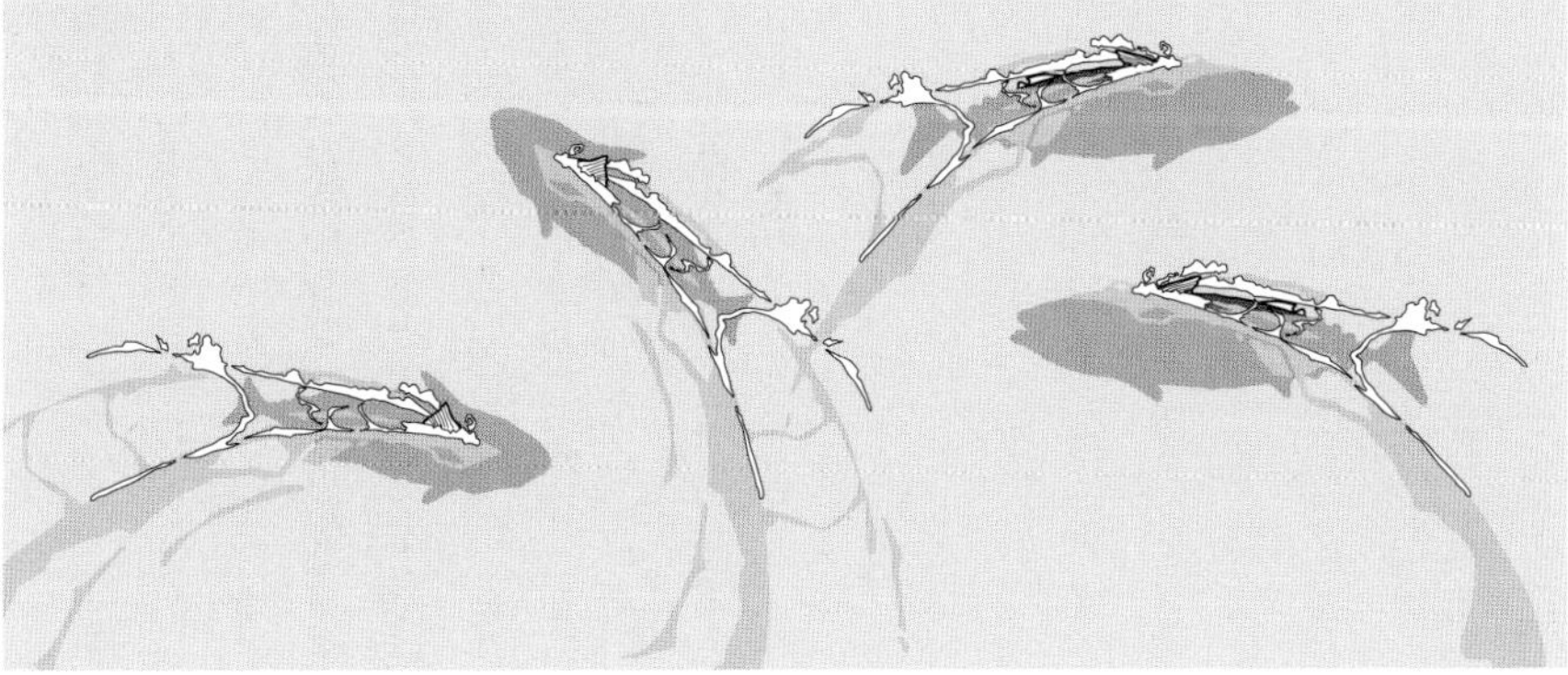

のヒット率が高い。

メタルジグの釣りの組み立て方はメタルバイブの場合と同じで、まずは早巻きが基本。それで食ってこなければ表層限定で巻いては止めて、またはロッド操作のどちらかで、リフト&フォール、段引きアクションを付ける。

ルアーをキャストし着水させるのはナブラが移動する先を見越した位置。直接ナブラ目がけてキャストしても、時すでに遅し。ナブラが移動してしまい、そこには何もいないということが多々あるからだ。とにかく移動するナブラの先回りをしてキャストすることが大切なのだ。それがルアーが届く至近距離であればナブラが移動するであろうコースの沖側に打ち込むのが望ましい。

ベイトを襲う鳥たちの行動も同じである。視力がよい鳥たちにはベイトの群れが移動する先がしっかり見えているようで、必ずナブラの先頭に向かって次々と海中ダイブしているという。したって鳥たちの行動を観察することもナブラ撃ちでは大いに参考になる。

ただ、どうしてもナブラの立つ位置が遠くルアーが届かない場合がある。とにかく遠投できるルアーを使い、少しでもナブラに近い位置にキャストするしかないのだが、この場合でもナブラの移動方向を考慮することが大切だ。

特にルアーサイズに敏感なのが40cm以下、小型のサゴシだ。ベイトサイズにルアーを合わせないとまったく口を使わない。たとえば40gのジグを遠投してまったくヒットしないのに、その横でエギングロッドで18g程度のジグを投げている人にヒットすることもしばしば。エギングタックル使用の場合、ラインも細いので軽いジグでもそこそこ沖へ飛ぶが、40gのジグほどではなく、ナブラ位置がはるか沖であるにもかかわらずである。これこそが飛距離よりもルアーサイズを合わせるほうが重要という例。ただサワラクラスにまで大きくなると、それほどルアーサイズは気にしなくてよい。

ブリ類に関してはルアーの動きに反応することが多く、サゴシほどルアーサイズを気にすることはない。若くて学習能力が低いツバスクラスなどは特にその傾向が顕著だという。

ライトショアジギングでのナブラねらいの場合、基本的には遠投性が優先されるのでセンターバランスもしくはリアバランスのジグを使うのが一般的。実際にショア用ジグのほとんどは、センターもしくはリアバランスの設計になっている。形状的には青ものねらいの場合は表層の早巻きが基本になるのでボディーがスリムなものが望ましい。

何食っているんだろう？

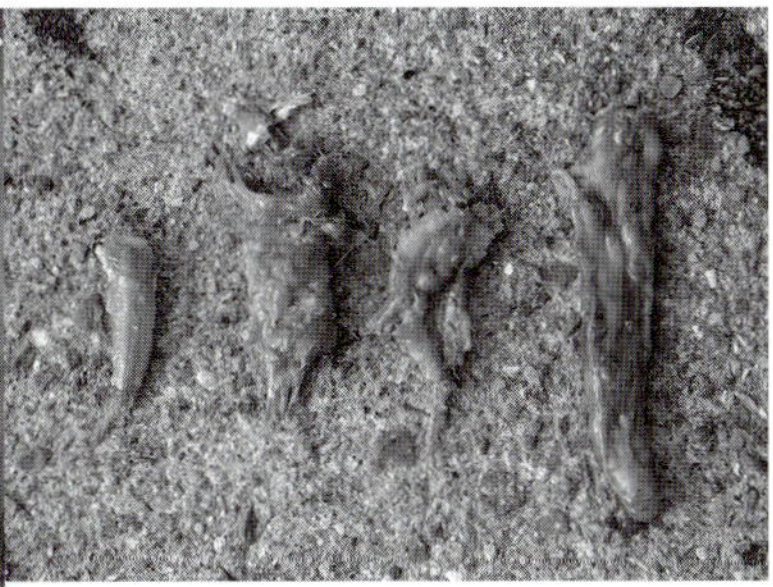

ヒットしたハマチが食っていたものは？　消化が進んでいるので分かりにくいがカタクチイワシの可能性大

■ライトショアジギングに限らずルアーフィッシングでは、釣りあげた魚たちが何を食っているのかを確認することも重要だ。リリースする場合は別にして、持ち帰って食べる魚を締めて血抜きする際に、腹を割いて内蔵を取り出し、胃の内容物を見てみよう。消化がすすんで、はっきり分からない場合もあるが、食ったばかりのベイトだと、だいたいは判別できる。カタクチイワシだったりウルメイワシだったり、アジだったり小サバだったり、サヨリだったり、カマスだったりとさまざまだが、その大きさや色を参考に、メタルジグをチョイスすることで、よりいっそうのヒットを期待することができる。そのためにはナイフの持参が必須だ。ついでにエラも取り除いておけば自宅に帰ってから処理する手間も省けて一挙両得。

タチウオはミオ筋など深場のボトムを攻略

タチウオもライトショアジギングの立派なターゲットだ。まずタチウオが潜む深いポイントまでルアーが届く場所を見つけること。たとえば岸から離れた渡船利用の一文字波止（沖堤防）や、工場地帯の水路に面した釣り場で大型船が出入りするために深く掘り込まれた航路筋、いわゆるミオ筋など。おおむね、そのポイントまでは距離がある場合が多く、深い水深を効率よく釣るには重くて早く沈むメタルジグが最適なのだ。

メタルジグでタチウオを専門にねらう場合はリアフックをバーブレスの十字バリにすると格段にフッキング率がアップする

時間帯は釣り場によっては太陽が真上のお昼前後でも釣れる場合があるが、基本的には夜明け後なら午前9時ごろまで、午後は太陽がやや西に傾いた時間帯からがよい。たとえば関西でタチウオがシーズン入りした9月ごろと終盤の11～12月では、日の出・日の入り時間がまったく違うため一概にはいえないが、おおむね朝マヅメ後もしくは夕マヅメ前の1～2時間と考えればよい。

●使用するメタルジグ

オカッパリのタチウオデイゲームで使用するメタルジグは30～40gを中心に、それ以下のウエイトも用意しておけば幅広いシチュエーションに対応できる。ポイントまでの距離がうんと近い場合や、早く沈めすぎると食いが悪くアタリが出ない場合などは、スローにフォールする軽めの20g以下が有効だ。

メタルジグがタチウオに威力を発揮する夕マヅメ前、朝マヅメ後は、真っ昼間にくらべ光量は少なく斜光で、地上がそこそこ明るくても水中は薄暗い。したがってジグカラーはグロー系のアピール力が高く、ヒット率も高い。タチウオのスペシャルカラーとして各社から市販されているゼブラ柄のグローがおすすめだ。真っ昼間に釣れる場合は特にグローカラーは必要ない。

朝夕マヅメや夜間にタチウオをねらうのとは違い、日中はメタルジグの独断場。沖の深みからシルバーに輝く個体を引き出せる

ジグの形状としてボディーが長いセミロングタイプが選べるのであれば、それにこしたことはない。歯が鋭いタチウオには、ボディーが長いセミロングのほうがリーダーに傷が付きにくく安全。夏タチのように小型ばかり釣れる場合は、短いノーマルボディーでも問題なし。秋以降、タチウオが大きくなる本格シーズンに入れば、セミロングを使うことでジグを失うリスクが軽減できる。

ジグ本体のウエイトバランスに関しては、センターもしくはほんの少し後ろ寄りのものがフォール時にヒラヒラと揺れるためハイアピール度が高い。完全なリアバランスのジグを使うのは、どうしても飛距離を稼ぎたいときだけ。また逆に前が重いフロントウエイトのジグは海中で素早く動くのが特徴だが、捕食下手なタチウオには必要ない。

フックはリアをトレブルから、オフショアジギング用の細軸4本（十字バリ）でカエシがないバーブレスフックに交換すると、ジグに絡むように食いに来るタチウオのキャッチ率が格段にアップする。

●釣り方の基本

釣り方はメタルジグを遠投して海底まで沈めたら、すかさずワンピッチ・ワンジャークを開始。青もののようにあまり速く巻きすぎないこと。タチウオの場合はゆっくりめに、海底付近を中心に足下まで引いてくればよい。特にリフト&フォールの必要もないから初心者でも簡単だ。サオ先を上45度くらいに構え、軽くゆったりスローにジャーク。タチウオはルアーの激しい動きを追い切れないのだ。

ポイントはできるだけ深いところ。何回かキャストし、ボトムを取ることで少しでも深い場所を探す。アタリが出るポイントを見つけたら集中的に。日中のタチウオは群れでピンポイントに集まっているのだ。通常は底から2～3mまで、ボトムべったりに群れがいることが多いが、条件がよければ宙層にまで浮いていることがある。こんな場合はスローな連続ジャークで宙層までジグを引き上げたら、ふたたびジグを底まで落として繰り返す。ポイントから外れ、浅くてタチウオがいないと予測できる位置まで引いてきたらジグを回収して投げ直す。

ジャーク中のアタリが最も釣りやすい。ロッドをシャクっているときにガツンと当たれば初心者でも簡単。ジグのフォール中にアタリが出ることもある。特にキャスト直後、最初にボトムまで沈めるときは油断禁物。完全にフリーで落とすのではなくスプールに軽く指を当て、少しだけブレーキを掛けてラインを張り気味にフォールさせると、アタリが伝わりやすく、とっさのアワセも行ないやすい。

タチウオへのアピールはボトム付近を中心にスローなワンピッチジャークで

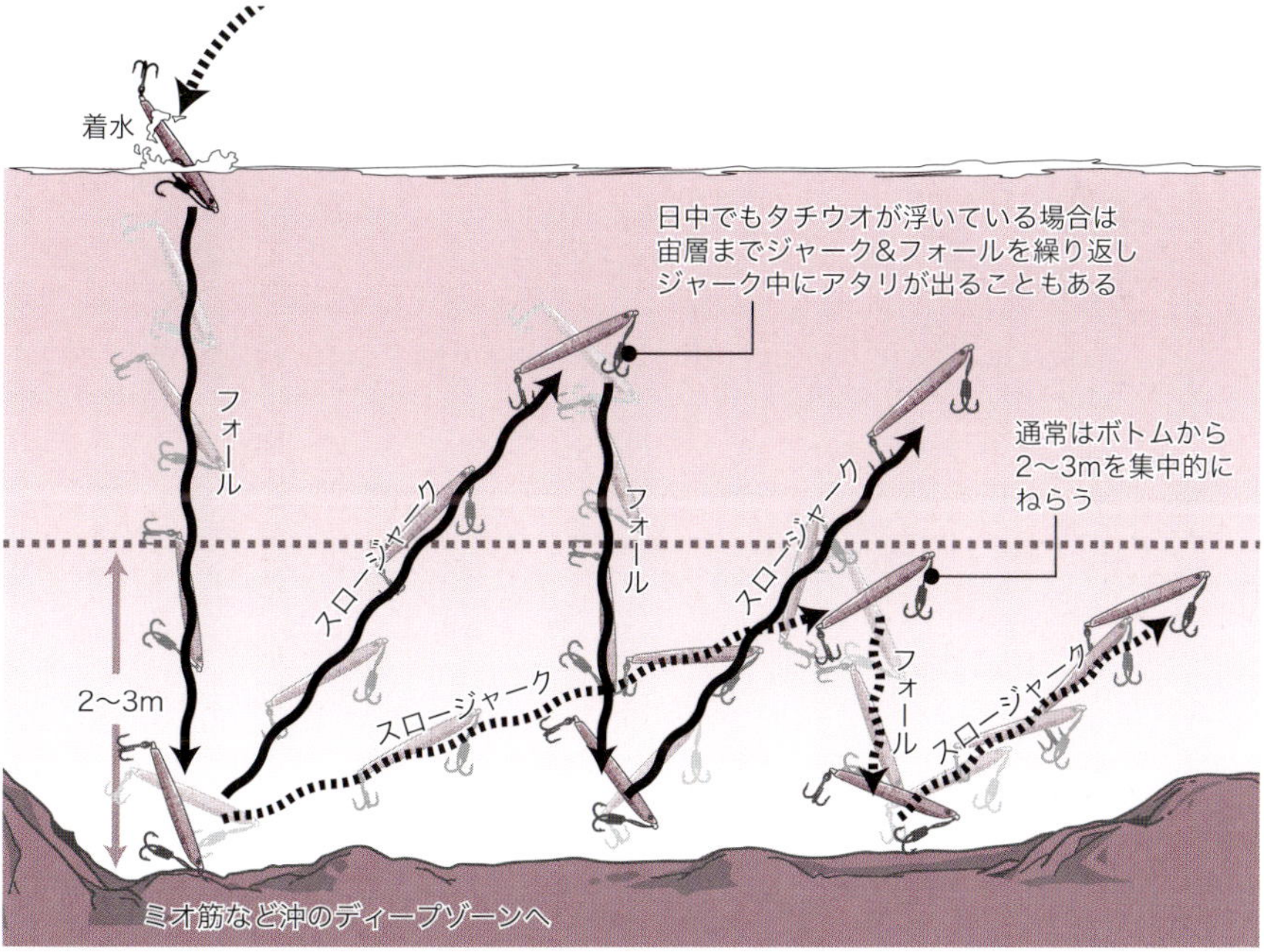

メッキ&カマスは10g以下のミニジグで

夏〜秋に回遊してきてアングラーを楽しませてくれるのがメッキとカマスだ。ポイントはともに河口周りがベストで、秋の深まりとともにサイズアップする。スーパーライトのタックルで、使用するメタルジグは10g以下のスモールサイズ。センターバランスのものでオーケーだ。基本的に似たような釣り方でよいが、それぞれでねらうレンジが微妙に違う。

メッキの場合は水面直下でのヒット率が高い。ジグをキャストしたら着水と同時に水面直下で軽くチョンチョンチョンとトゥイッチをかけながら、やや速めに引いて来ると、ジグがわずかにヒラヒラとダートしながら進む。スローに引くとメッキに見切られることが多い。フックもリアにトレブル、フロントにシングルの通常パターンでオーケーだ。

カマスも基本的に朝夕マヅメの好活性の時合にはメッキ同様、水面直下の浅いレンジの早巻き&トゥイッチで釣れるが、時合が過ぎるとレンジが深くなっていくので、メタルジグを一旦ボトムまで沈めてからゆっくりとしたワンピッチジャークで誘う。一般的な青ものの釣り方と変わらないが、カマスの場合はフォール時間をやや長めにとるのがコツ。ジャークしてはヒラヒラとテンションをかけながら、ゆっくり落とすと食って来ることが多い。フリーフォールでは沈下が速く期待できない。

使用するメタルジグのカラーはメッキ、カマスともナチュラル系でもかまわないが、意外とグロー系への反応がよい。近年流行のゼブラグローなどは、光線量が少ない朝夕やベイトが少ない条件ではよく目立ってアピール力が高いのだ。

小型のメタルジグで楽しむメッキはスーパーライトショアジギングの好ターゲット。ゼブラグローカラーのジグに反応がよい

朝夕マヅメには表層でヒットが見られるカマスだが日中はボトム付近まで沈めてフォール長めのワンピッチジャークで誘う

アジを釣るならジギングサビキ！

近年は小型のジグヘッドにワームを使用した、いわゆるアジングが人気だが、アジはもともとルアーでねらえるゲームフィッシュなのだ。とはいえ尺オーバー、40cm、50cmという特大サイズの場合はメタルジグにガンガン当たってくるが20cmそこそこの中アジ以下だと、そう簡単には釣れない。日中はサビキ釣りで、ナイトゲームならワームでアジング……というのがお決まりのスタイルだがライトショアジギングのファンには、それでは面白くない。そこでおすすめなのがサバの項でも紹介したジギングサビキだ。メタルジグとリーダーの間に全長50cmぐらいで2本バリのサビキ仕掛けをプラスする。一般のサビキ仕掛けではハリ数が多すぎて、この釣りで使用するには仕掛けをカットしなければならず面倒。近年はジギングサビキ専用の仕掛けが発売されているので便利になった。

とにかく普通のサビキ釣りとは違い、遠投してディープレンジを探れるのが何よりの武器で、防波堤際や沖でも浅いタナでアジが食わない場合でも、日中に底深く沈んでいるアジを引き出すことができる。

釣り方はメタルジグ単体の場合と何も変わらない。ボトムまで沈めたら数回ワンピッチジャークで引き上げて、ふたたびボトムまでフォールさせる。アタリはフォール中に出ることが多いので、一気にストンと落とすのではなく、アタリが分かるように、ややラインを張り気味にして落としていくのがキモだ。また、サビキに食いついたアジに青ものやヒラメ、マゴチが食いついて来ることもあるのでお土産釣りにも最適だ。

メジャークラフト「ジグパラ ショアジギサビキ」には写真の仕掛けだけのもの以外にメタルジグもセットされたオールインワンもある

まったく青ものから反応がなく、防波堤際のサビキ釣りの人も不調の日、遠投してボトムを探ったジギングサビキで良型マアジをゲット

青もののさばき方

魚料理で最初の関門が三枚下ろし。ウロコを落として背骨両側の身をきれいに切り離すのが、慣れないと難しい。上達するには慣れることが一番なので、ライトショアジギングで釣りあげ持ち帰った魚たちで練習を兼ねて三枚下ろしにチャレンジしよう。実はマダイなど骨もウロコも硬い魚にくらべてツバスやハマチはウロコも軟らかく非常にさばきやすいのだ。ここでは三枚下ろしからさらに一歩進んで五枚下ろしまでの手順を紹介しよう。

三枚下ろし、五枚下ろしの練習台にぴったりのシオ、ツバス、ハマチ。青ものは非常にさばきやすい魚なのだ

釣りあげて、すぐにきっちり締めて血抜きしたツバスにハマチ、メジロ、シオなど青ものは、何といってもお造りが最高！　上手にさばければ視覚的にも美味しさ倍増！

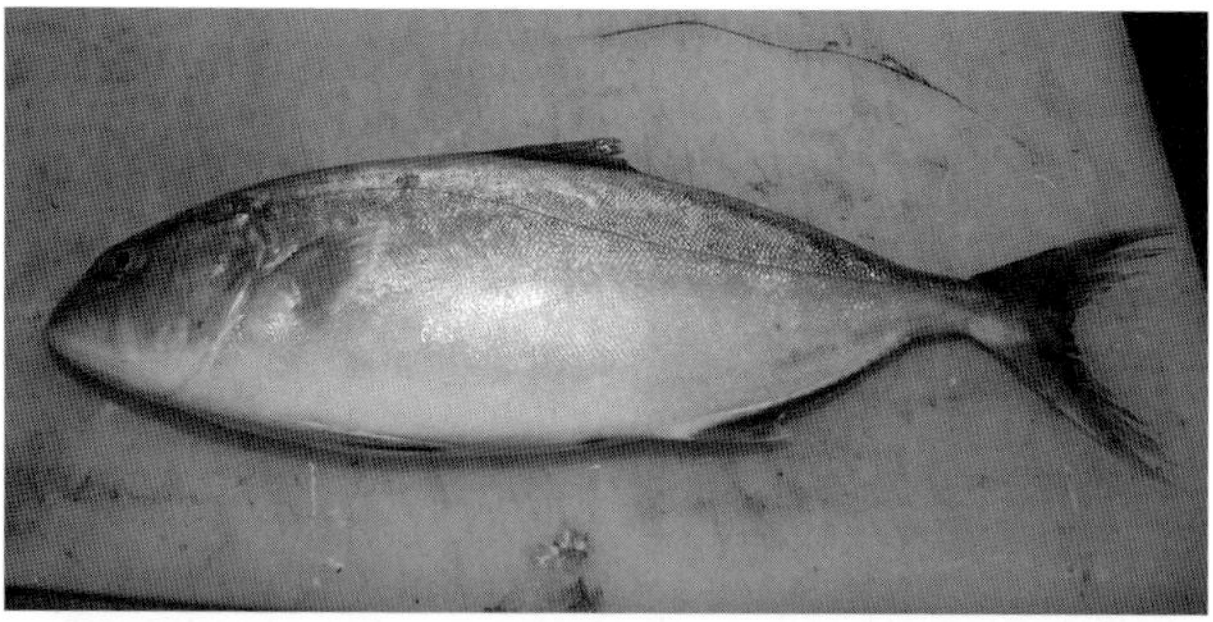

写真のシオだけでなくツバス、ハマチ、メジロなど、すべてこの手順でOK

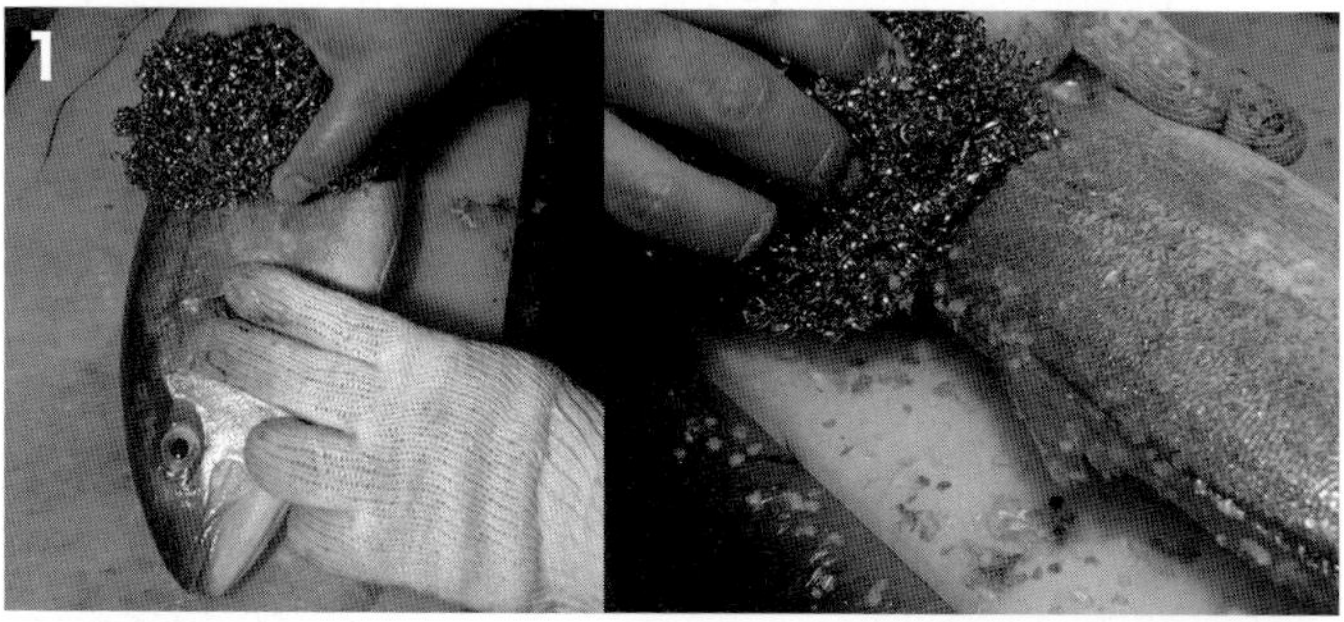

まずウロコを取る。ウロコ取りを使うと皮に傷が入りやすく、細かいところまでウロコが取れない。そこで金タワシを使うと楽にきれいに素早く、あまり飛び散らずウロコが落とせる。ウロコを落としたら流水で洗い流す

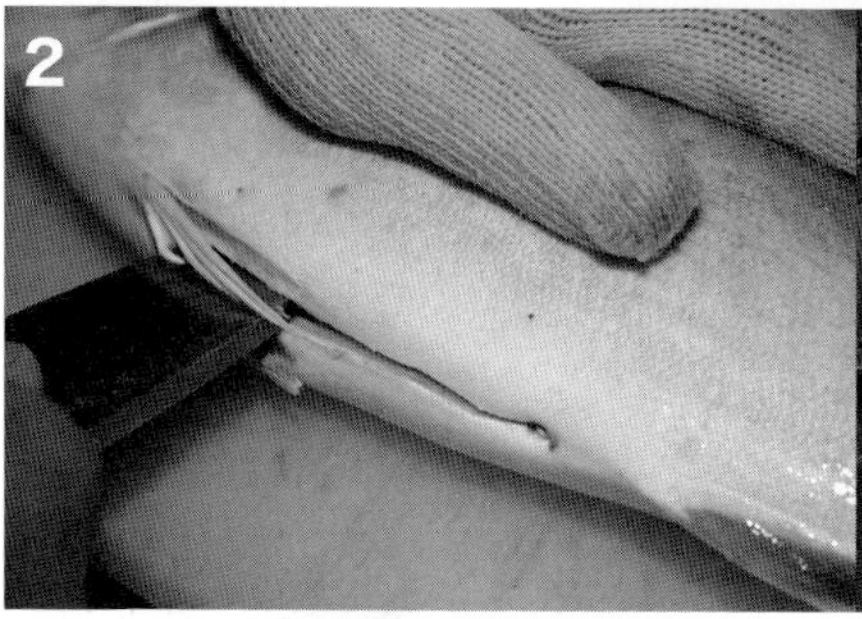

肛門から包丁を入れ腹を割く

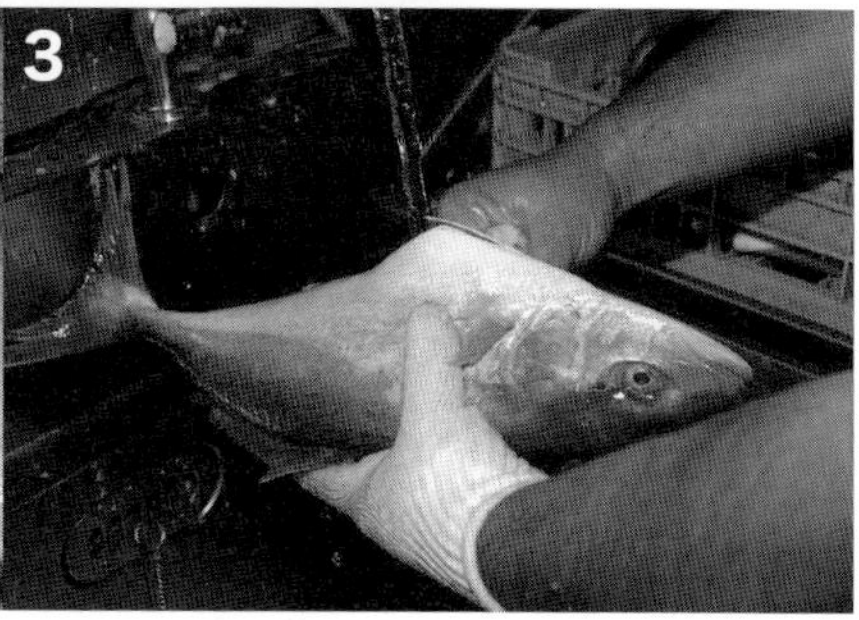

水で流しながらエラ、内臓を取り除く

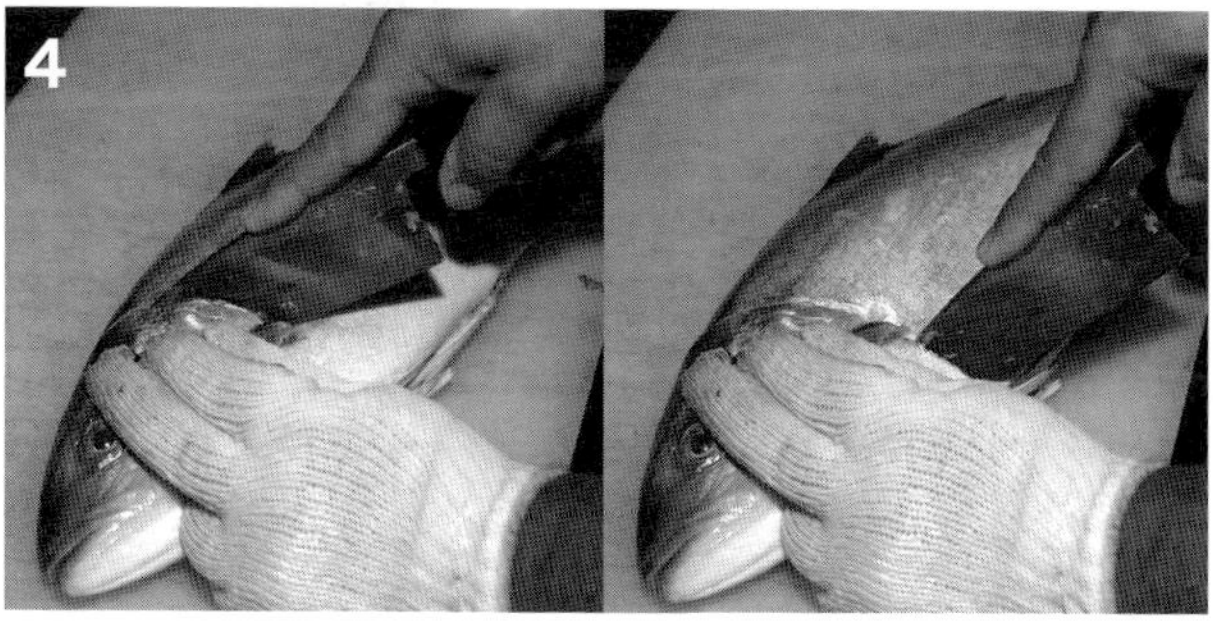

エラブタの後ろから包丁を入れ片側を切ったら…

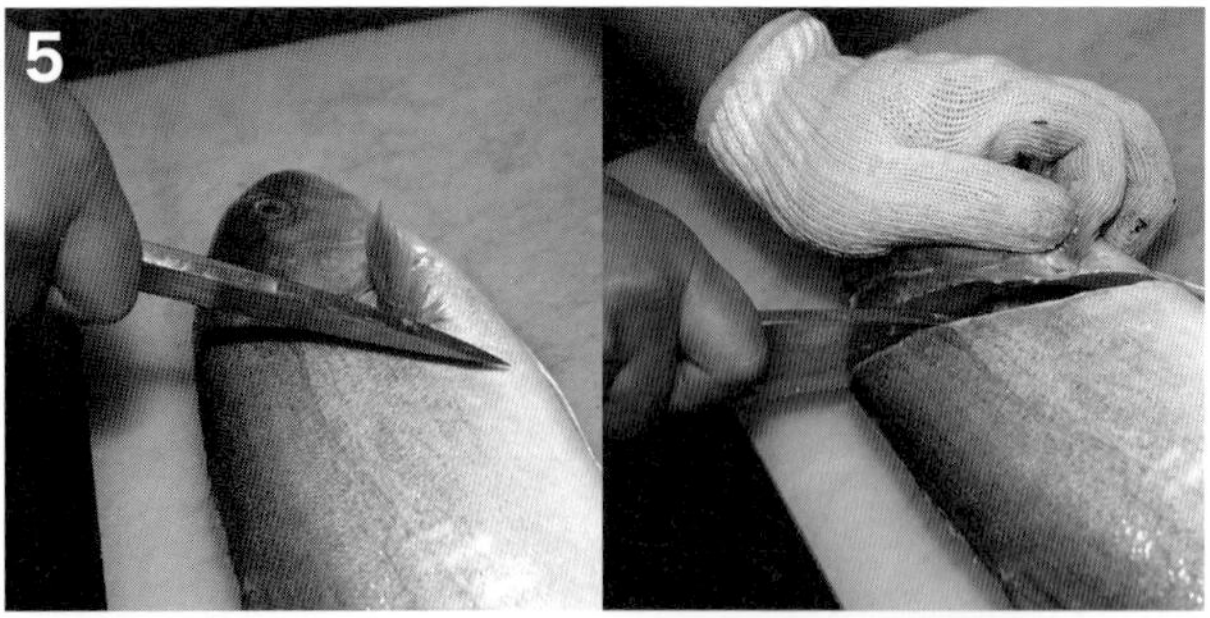

反対側も同様に包丁を入れ頭を切り離す

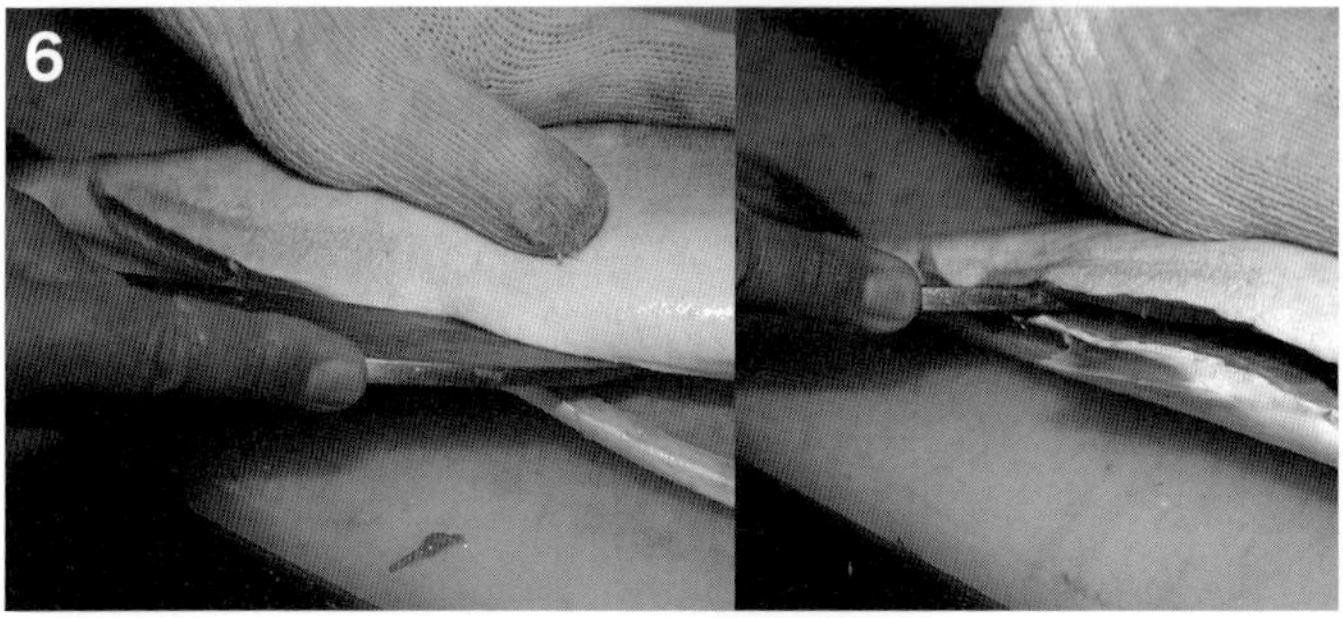

腹側から中骨に達するまで包丁を入れ尾ビレの付け根まで切ったら…

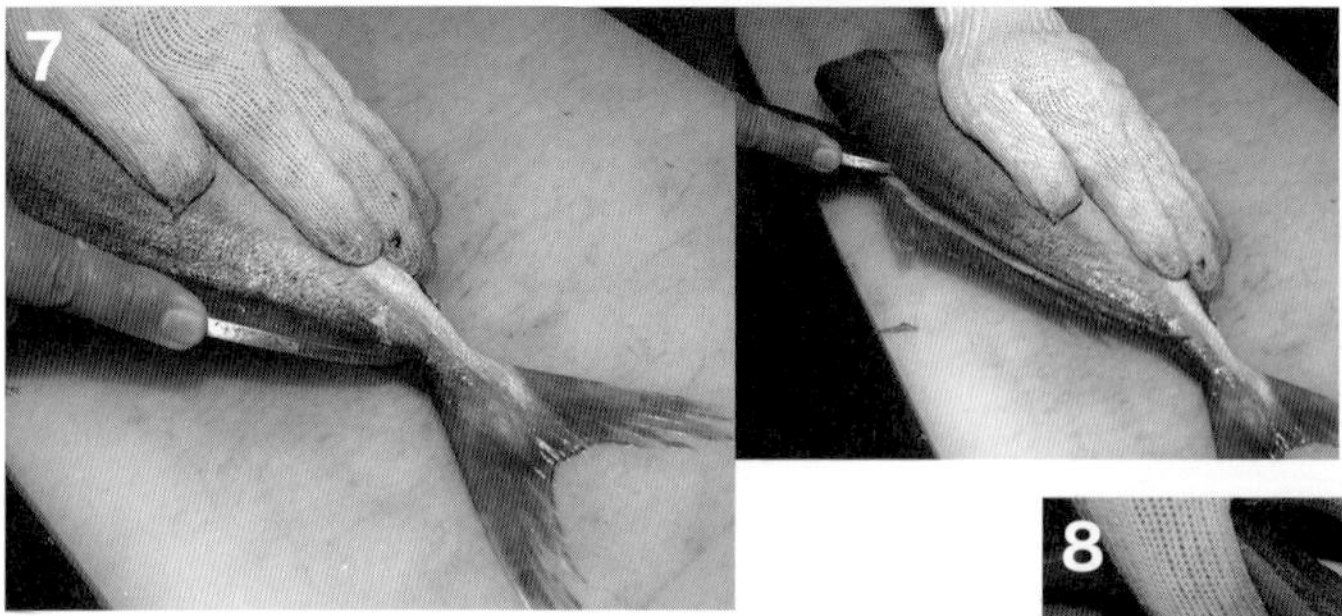

背中側を手前にして、尾ビレの付け根から包丁を入れ背中側を切り進む。このとき一度に中骨の手前までは切ってしまわないこと

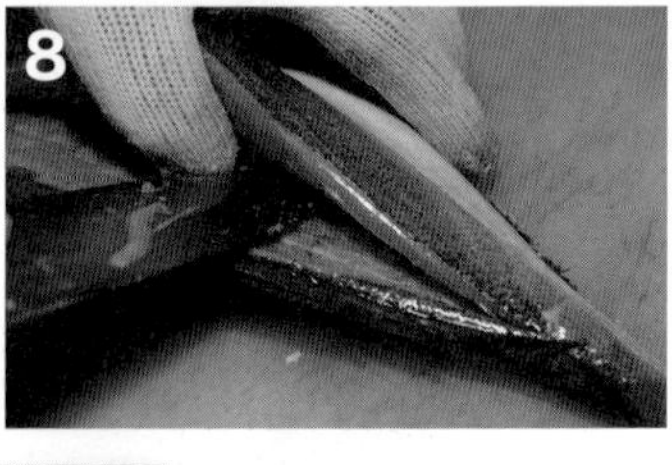

2回目で中骨に達するまで包丁を入れるようにすると、きれいにできる

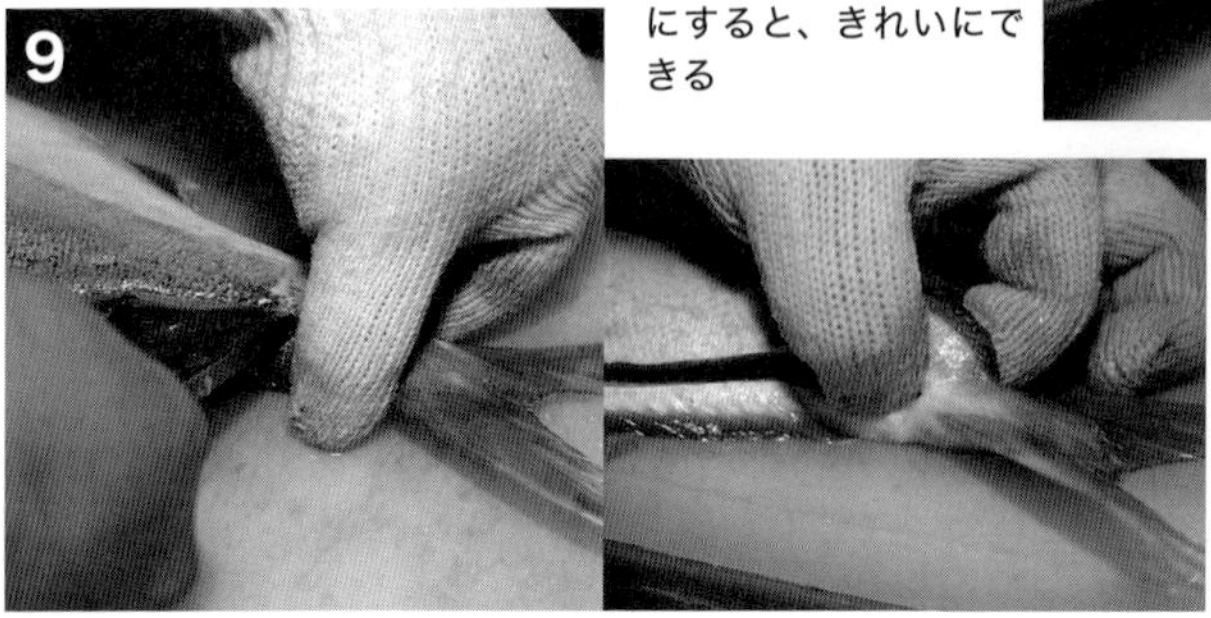

尾ビレの付け根に包丁を入れて貫通させたら、尾ビレ付け根のつながった部分に指を入れてしっかり押さえる

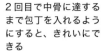

10

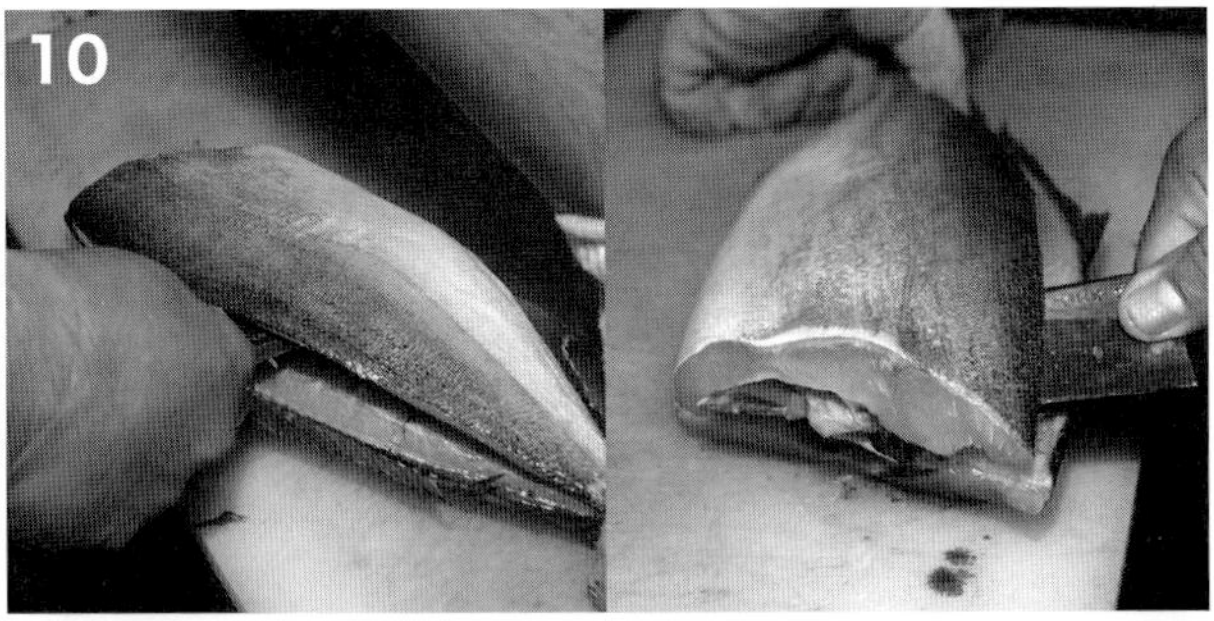

頭方向に向かって中骨のつながった部分を切り離す。反対側の身も同様に切り離す

11

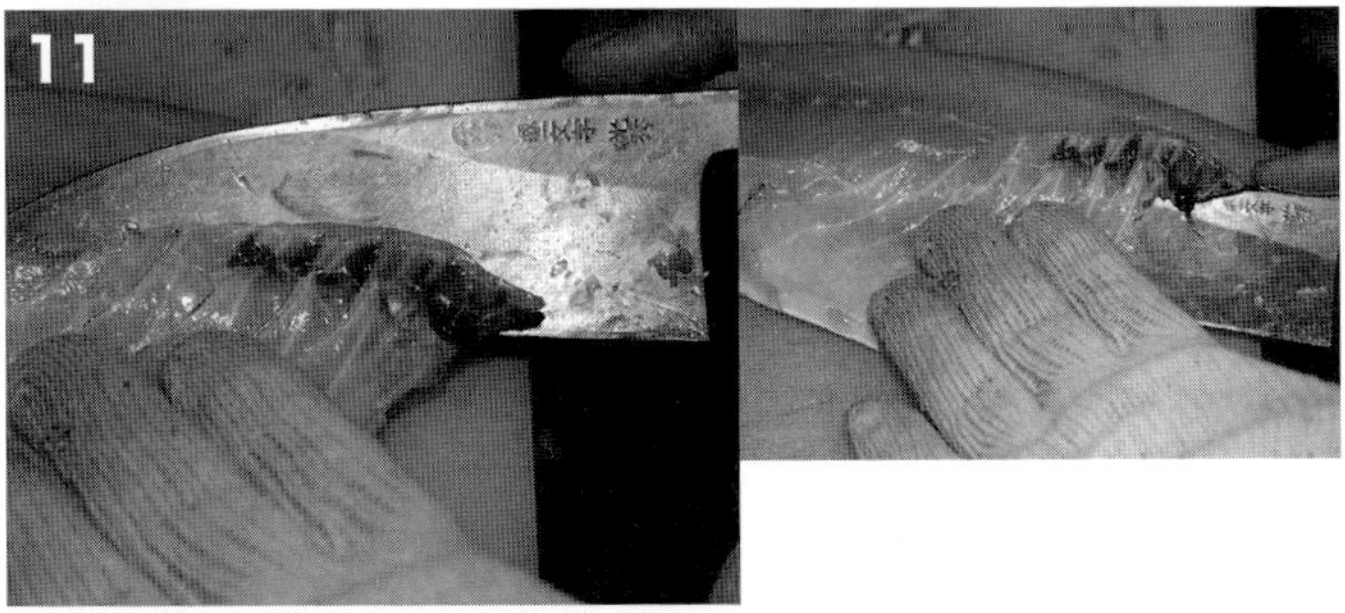

腹骨をすき取る

12

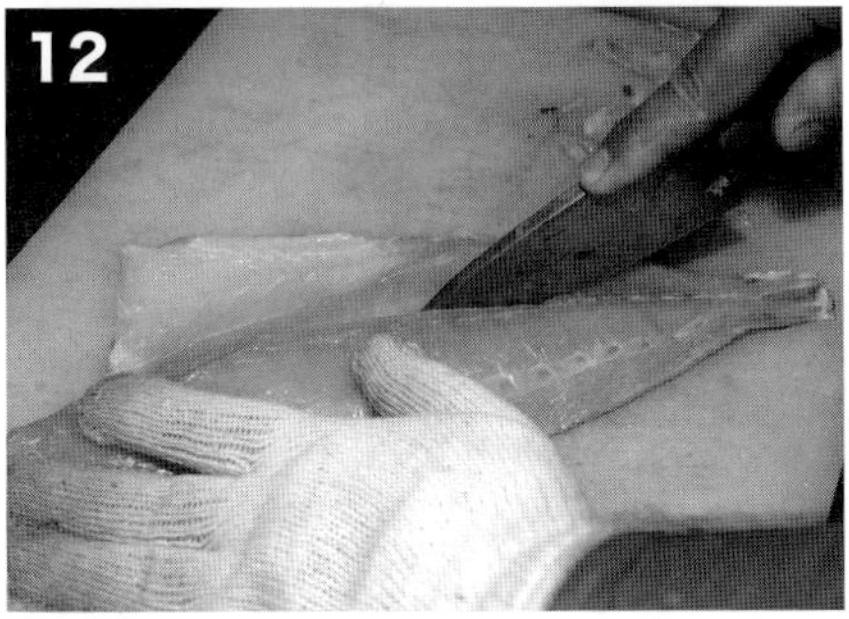

中骨の脇に包丁を立てて入れて皮ごと切り離す

13

同様に中骨を残さないよう切り離す

14

5 枚おろしの完成。お造りにする場合は皮を引く

ライトショアジギング用語集

■あ行

あくしょん【アクション】
動作、行動。釣りではロッドアクション（ロッドの動作、操作）。ルアーアクション（ルアーの動き）という使い方をする。

あげしお【上げ潮】
潮汐にもとづく海面変動で、干潮から満潮までの間に海面が上昇する潮の流れ。満ち潮、込み潮、差し潮ともいう。

あさまづめ【朝マヅメ】
夜が明け明るくなり始めた時刻から日の出までの時間。多くの魚たちが活発に摂餌行動をする。

あしすとふっく【アシストフック】
ルアーなどに本来付いているハリとは別に補助的に付けるハリのこと。

あわせ【アワセ】
魚がエサやルアーを食ったアタリを感じたときに、サオなどをあおって魚にハリを掛ける動作。

いぐい【居食い】
釣り人にアタリが感じられないまま、エサやルアーに魚が食いついている状態。

いちもんじ【一文字】
関西、特に大阪湾で沖堤のこと。本来は真一文字に沖に設置された防波堤のこと。

いとふけ【イトフケ】
釣りの最中に釣りイトが弛《たる》んだ状態、または弛んだ部分。ラインスラック。

いれぐい【入れ食い】
仕掛けを入れるたび、すぐにどんどん魚が食いついて釣れること。

うえいと【ウエイト】
重さ。ルアーウエイトはルアーの重さ。ウエイトバランスは重心の位置のこと。

おかっぱり【陸っぱり】
沖堤など渡船で渡る場合も含めて陸から釣りをすること。

おんす【オンス（ounce, 記号 :oz）】
ヤード・ポンド法の質量の単位。１oz は約28g。

■か行

かーぶふぉーる【カーブフォール】

イトを張った状態、テンションをかけた状態でルアーや仕掛けなどを海中に落とすこと。その軌道が真下ではなく斜めにカーブすることから。テンションフォールともいう。

かえし【カエシ】

ハリ先の少し手前内側向きにある突起で魚に掛かったハリを抜けにくくするのが目的。モドリ、アゴ、バーブともいう。

かけあがり【カケアガリ】

海底で斜面になっている部分。魚のエサになる小動物や小魚が集まり好ポイントを形成する。

きすいいき【汽水域】

河口周辺、川の下流域、川が注ぎ込む内湾など、淡水と海水が混じり合い塩分濃度が海水より低い水域。

ぐろー【グロー（glow）】

英語では白熱（光）、赤熱（光）、（赤い）光、輝き、（ほおの）赤らみ、紅潮、よい色つや、（身体の）ほてり、暖かさ、高まりを意味する。釣りではルアーなどで蓄光発光する塗料を塗られたものをグローカラーと呼ぶ。

■さ行

さーふ【サーフ】

本来の英語では打ち寄せる波、波頭のことだが釣りでは砂浜、砂浜で釣りをするという広い意味で使われる。

さみんぐ【サミング】

thumb（サム＝親指）をリールのスプールに当てて放出されるラインにブレーキをかける行為。人差し指でブレーキングするスピニングリールの場合でもサミングと呼ぶことがあるが本来はフェザリング。

さるかん【サルカン】

釣りイト同士をつなぐ接続金具。回転構造でイトヨレを戻す効果がありヨリモドシとも呼ばれる。スイベルも同意。

じあい【時合】

魚がエサをよく食べる頃合い、時刻。朝夕のマヅメのほか潮の流れ方などでも時合になる。

しおめ【潮目】

流れ方が違う2つの潮流が接している境界線。多くの場合、泡や漂流物が筋状に集まり潮の合わせ目が視認できることから潮目と呼ばれる。潮目にはプランクトン、小魚が集まりやすく好ポイントでもある。

じぐ【ジグ】

鉛などの金属で作られたルアー。船では海中に沈めてシャクりながら釣ったり、陸っぱりでは遠投して、沖の深場を探るときに使用。メタルジグ。

じゃかじゃかまき【ジャカジャカ巻き】
短い振り幅でロッドを上下させるアクション1回に対しリールのハンドル1回転を素早いテンポで連続して行うこと。その様子からジャカジャカと賑やかにジグをアクションさせることをいう。

じゃーく【ジャーク】
投げ込んだルアーをサオをあおって引き上げること。

しゃろー【シャロー】
浅いという意味。釣りでは表層付近の浅い部分をシャローレンジという。

しゅっせうお【出世魚】
セイゴ、フッコ（ハネ）と成長に伴って呼び名を変えるスズキに代表される魚のこと。ライトショアジギングの対象魚であるブリやカンパチ、サワラなども出世魚である。

しょあ【ショア】
海や湖、川の岸のことだが本来は水上から見た場合に用いる。陸から見た海岸はコースト。

しょーとばいと【ショートバイト】
ルアー釣りで魚の食いつきが浅いこと。アタリは分かるがハリ掛かりしにくく、ハリに掛かっても外れやすい。

すいべる【スイベル】
サルカン、ヨリモドシと同意。

すなっぷ【スナップ】
イトに結ぶ金具でルアーやサルカンなどを簡単に素早く接続できる。開閉式のほか、さらに簡単な引っ掛けるだけのものもある。

すぷりっとりんぐ【スプリットリング】
ルアーのアイにフックなどを取り付ける際に利用する金属製の輪。スプリットは分割、分裂という意味。

すれがかり【スレ掛かり】
魚の口以外の体表部分にハリが掛かること。

■た行

だーと【ダート】
ルアーが左右にズレ動くこと。ダートロード（未舗装の道路）で自動車が不安定な左右の挙動をすることからイメージされたものと思われる。

たかぎれ【高切れ】
釣りの最中、ハリスやリーダーではなくミチイトやラインの部分から切れてしまうこと。

ただまき【タダ巻き】
投げ込んだルアーなどに特別なアクションをかけず、リールをただ巻くだけで引いてくること。

たな【タナ】
魚がいる水中の層、泳層。レンジともいう。

ちゃーと【チャート】
ルアーなどに使われるカラーリングのひとつで、正確にはチャートリュース。蛍光黄緑色でフランスの修道院で作られたリキュールが語源。

でっどすろー【デッドスロー】
非常にゆっくりした速度のこと。ルアーを引く速度を表す際に用いられる。

てんしょんふぉーる【テンションフォール】
カーブフォールと同意。

とれぶるふっく【トレブルフック】
3本のハリを120度間隔で一体化した3本バリ、トリプルフックのこと。トレブル、トリプルも「3重」「3倍の」という意味。

■な行

なぶら【ナブラ】
エサとなる小魚が大きなフィッシュイーターたちに海面まで追い上げられバシャバシャと逃げまどうさま。さらに大きな魚たちが小魚を捕食する際に上げる波飛沫までを含めた様子をいう。

にまいじお【二枚潮】
表層と宙層、または底層で流れる方向が違う潮のこと。三枚潮も存在する。

のっと【ノット】
イトを結ぶ方法。FGノット、クリンチノットなど。

■は行

はーどるあー【ハードルアー】
本体が樹脂や木材、金属などで作られた硬いルアーのこと。

ばーぶれす【バーブレス】
ハリにカエシ、モドリがないこと。

ばいと【バイト】
噛《か》む、噛み付く、食いつくという意味。釣りではルアーやエサに魚が食いつくことをいう。

ばいぶれーしょん【バイブレーション】
震動、震えのこと。釣りでは引くだけでブルブル震えるルアーのことをいう。バイブレーションルアー。樹脂製、金属製などがある。

ぴーいーらいん【PEライン】
高分子量ポリエチレンで作られた釣りイト。伸びがほとんどなく高感度、強度的に優れるため細くできる。

ひろ【ヒロ】
長さの単位。両手を左右一杯に広げた長さで約1・5m。
ふぃっしゅいーたー【フィッシュイーター】
魚食魚。魚をエサにしている魚。ライトショアジギングで釣れる魚は基本的にフィッシュイーターである。
ふぃっしゅぐりっぷ【フィッシュグリップ】
釣りあげた魚の口やボディーを挟んで固定するためのツール。魚ばさみ。
ふぇるとすぱいく【フェルトスパイク】
フェルト地の中に金属製のスパイクピンを配置したもので釣り用シューズやブーツのソールに採用される。濡れた岩や海藻が付いた場所でも滑りにくいのが特徴。
ふぉーる【フォール】
ルアーや仕掛けを沈下させること。
ふらっしゃー【フラッシャー】
魚たちへのアピール力を増すためにメタルジグのフックなどに取り付けられた装飾。ティンセル（本来の意味は被服用縁飾りのこと）ともいう。
ふりーふぉーる【フリーフォール】
イトを張らず、テンションをかけずにルアーなどを自由に沈下させること。
ぶれーど【ブレード】
本来の意味は刃、刀身、刀。釣りではメタルジグなどに取り付ける木の葉型の金属パーツをブレードという、
ふろろかーぼん【フロロカーボン】
正確にはフルオロカーボン（英:fluorocarbon）。炭素-フッ素結合を持つ有機化合物の総称で釣りではリーダー、ハリスなどラインの素材として用いられる。同じラインに使用されるナイロンにくらべて比重があり、摩擦に強い。
べいと【ベイト】
ねらいの魚のエサになっている小魚。
ぺんでゅらむきゃすと【ペンデュラムキャスト】
サオ先からルアーまでのタラシを長くとり、振り子の原理で遠心力を利用し投げる方法。ライトショアジギングでは基本となる投法で短いタラシの場合よりも飛距離が出る。
ぼいる【ボイル】
フィッシュイーターたちがエサとなる小魚を水面まで追い上げ波飛沫を上げながら捕食する行動。
ぼとむ【ボトム】
釣りでは海底、水底のこと。
ぽんぴんぐ【ポンピング】
魚が掛かったときに起こしたロッドを前に倒しながらリー

ルを巻いてを繰り返し、魚を引き寄せる方法。

■ま行

まさつけいのっと【摩擦系ノット】
結び目を作らず、リーダー上にPEラインなどを編み付けることで発生する摩擦を利用して、性質や太さが極端に異なる2本のイトを結節する方法。代表的なものにFGノット、PRノットなどがある。

みおすじ【ミオ筋】
港に出入りする船のために人工的に深く掘られた海底の溝のこと。

みずしお【水潮】
大雨などにより大量の真水が海に流れ出て塩分濃度が低くなった海水のこと。

■や行

ゆうまづめ【タマヅメ】
日没前後の時間帯のこと。朝マヅメ同様、多くの魚たちが活発に摂餌行動をする時合。

■ら行

らいふじゃけっと【ライフジャケット】
落水時、入水時に浮力を得るための救命器具。固形の浮力材が入ったもの、入水時にボンベのガスで浮力体を膨らませるものがある。

らいんすらっく【ラインスラック】
イトフケのこと。

らいんぶれいく【ラインブレイク】
イトが釣りの最中に切れてしまうこと。

らんでぃんぐ【ランディング】
ハリに掛かった魚を引き寄せ陸上に取り込むこと。ランディングネットはタモ網、ランディングシャフトはタモの柄のこと。

りーだー【リーダー】
ラインとルアーの間に接続するイトのことで、魚の歯や根ズレなどで簡単に切れないようにするのが目的。ハリスのこと。タチウオ釣りではワイヤリーダーも使用する。

りぐ【リグ】
ルアーフィッシングでいう仕掛けのこと。

りとりーぶ【リトリーブ】
ルアーを引くこと。

りふとあんどふぉーる【リフト&フォール】
海中でルアーなどを持ち上げては沈下させる行為。

れんじ【レンジ】
魚がいる水中の層、泳層。タナともいう。

ルアーで始めよう堤防の釣り
お手軽ショアジギング丸わかりBOOK

2019年1月1日発行

編　者　つり人社書籍編集部
発行者　山根和明
発行所　株式会社つり人社

〒101－8408　東京都千代田区神田神保町1-30-13
TEL 03-3294-0781（営業部）
TEL 03-3294-0766（編集部）
印刷・製本　図書印刷株式会社

乱丁、落丁などありましたらお取り替えいたします。

ISBN：978-4-86447-327-9　C2075
つり人社ホームページ　https://tsuribito.co.jp/
つり人オンライン　https://web.tsuribito.co.jp/
TSURIBITO.TV-You Tube　https://www.youtube.com/user/eTSURIBITO
釣り人道具店　http://tsuribito-dougu.com/